BEI GRIN MACHT SICH IHR WISSEN BEZAHLT

Dana Ziegel

Grundlagen der Wirtschafts- und Sozialwissenschaften. Lernzusammenfassung

GRIN Verlag

Bibliografische Information der Deutschen Nationalbibliothek:

Die Deutsche Bibliothek verzeichnet diese Publikation in der Deutschen National-
bibliografie; detaillierte bibliografische Daten sind im Internet über http://dnb.d-
nb.de/ abrufbar.

Impressum:

Copyright © 2015 GRIN Verlag, Open Publishing GmbH
Druck und Bindung: Books on Demand GmbH, Norderstedt Germany
ISBN: 978-3-668-00512-9

Dieses Buch bei GRIN:

http://www.grin.com/de/e-book/301981/grundlagen-der-wirtschafts-und-sozialwis-
senschaften-lernzusammenfassung

GRIN - Your knowledge has value

Der GRIN Verlag publiziert seit 1998 wissenschaftliche Arbeiten von Studenten, Hochschullehrern und anderen Akademikern als eBook und gedrucktes Buch. Die Verlagswebsite www.grin.com ist die ideale Plattform zur Veröffentlichung von Hausarbeiten, Abschlussarbeiten, wissenschaftlichen Aufsätzen, Dissertationen und Fachbüchern.

Besuchen Sie uns im Internet:

http://www.grin.com/

http://www.facebook.com/grincom

http://www.twitter.com/grin_com

ARBEIT, ÖKONOMIE, ARBEITSTEILUNG, ARBEITSLOSIGKEIT

ARBEIT

Arbeit (bezahlte und unbezahlte): Verrichtung von Aufgaben unter Verwendung geistlicher und körperlicher Energie mit dem Ziel Güter und Dienstleitungen zur Befriedigung der menschlichen Bedürfnisse hervorzubringen.

Beschäftigung:/Job: Arbeit, die im Austausch gegen einen regelmäßigen/s Lohn/Gehalt verrichtet wird.

Arbeit ist die Grundlage der Ökonomie!!!

Wirtschaftssystem: Alle Institutionen, die die Erzeugung und Verteilung von Gütern und Dienstleitungen sicherstellen. Hängt in modernen Gesellschaften von der Produktion ab.

Moderne Industrie: Ist gekennzeichnet durch technologischen Wandel (Technologie: Anwendung der Wissenschaft auf Maschinen zwecks höherer Produktivität).

Hauptmerkmale der bezahlten Arbeit:
- Geld: Haupteinkunftsquelle, um Bedürfnisse zu befriedigen
- Aktivitätsniveau: Grundlage für den Erwerb von Fähigkeiten und Fertigkeiten
- Abwechslung: Befriedigung dadurch, dass man etwas tut
- Zeitstruktur: Gefühl der Orientierung im alltäglichen Leben (Planung/Sicherheit)
- Sozialkontakte: Grundlage für Freundschaften
- Persönliche Identität: Gefühl der stabilen sozialen Identität

UNBEZAHLTE ARBEIT

Informelle Ökonomie
meint Transaktionen außerhalb des regulären Beschäftigungssystems
- Tausch von Dienstleistungen gegen Geld ODER
- Tausch von Gütern gegen Dienstleistungen

Ziele der unbezahlten Arbeit:
- Selbstversorgung: Produkte müssen nicht am Markt beschafft werden
- verborgende Geldtransaktionen: „Eine Hand wäscht die andere"

Arten der unbezahlten Arbeit:
- Freiwilligenarbeit: spielt eine wichtige gesellschaftlich Rolle

BEZAHLTE ARBEIT

Arbeitsteilung
- Charakteristisches Merkmal des Wirtschaftssystems moderner Gesellschaften (viele wirtschaftliche Verflechtungen – unautark)
- Kontrast zwischen der Arbeitsteilung in traditionellen und modernen Gesellschaften ist außergewöhnlich (mehr geworden → viele Berufe)

Taylorismus – wissenschaftliche Betriebsführung
- Beruht auf der detaillierten Untersuchung industrieller Abläufe (durch Zerlegung, Erfassung und Organisation einfacher Arbeitsgängen)
Ziel
- Maximierung des industriellen Outputs (Resultate industrieller Effizienz)

Fordismus – System der Massenproduktion
- Weiterentwicklung des Taylorismus
- Entwicklung von Werkzeugen und Maschinen, die schnelle, präzise und einfache Arbeitsgänge zulassen (z. B. das Fließband)
Ziel:
- Massenproduktion für die Massenmärkte

Grenzen von Taylorismus und Fordismus
Nur in Industrien anwendbar, die standardisierte Produkte für Großmärkte herstellen.
Fließbanderrichtung
- ist kostspielig
- unflexibel (hohe Neuinvestitionen bei Produktveränderungen)
- leicht nachzuahmen (schlecht für Länder mit hohen kosten für Arbeitskraft)

Low-trust-Systeme (Taylorismus und Fordismus)
- Aufgaben werden vom Management gestellt
- Aufgaben werden mit den Erfordernissen an Maschinen geknüpft
- Ausführende werden streng überwacht
- Ausführende haben wenig Handlungsautonomie
- Betriebe mit vielen low-trust-Positionen haben ein hohes Unzufriedenheitsniveau
- Betriebe mit vielen low-trust-Positionen haben einen hohen Abwesenheitsstand
- Es gibt viele industrielle Konflikte

High-trust-Systeme
- Tempo und Inhalt der Arbeit wird weitgehend den Individuen überlassen (innerhalb bestimmter Richtlinien)

Automatisierung – programmierbare Maschinen (Spencer)
- Roboter: können zahlreiche (menschliche) Aufgaben erledigen
  ❖ Hingebungsvoll und unermüdlich
  ❖ Neu programmierbar
  ❖ Leistungsfähig

Gruppenproduktion (z. B. Qualitätszirkel)
- Zusammenarbeit von Gruppen (neue Arbeitsorganisation)
- Idee: Motivation der Arbeiter verbessern
- Qualitätszirkel: regelmäßige Treffen + Schulungen um Know-how zu bekommen

Firmenkultur & Umstrukturierung von Unternehmen (Kotthoff)

Die Unbestimmtheit von Arbeitsverträgen – einige Vorüberlegungen
- Sie sind (nur) die „Eintrittsbedingung" für die Firma
- Arbeitsverträge schreiben aber NICHT die Intensität/Qualität der Arbeit fest
- Aber Verträge beruhen auf einer Erwartungshaltung von beiden Seiten
- Motivation ist nötig (Managementkonzepte erstellen - z. B. zur Identifikation)

Wie kann man die Qualität/Intensität der Arbeit verbessern?
- Kein Unternehmen würde NUR durch hierarchische Strukturen und Arbeitsverträge funktionieren
- Unternehmen benötigen zusätzlich informelle Strukturen
- → informeller Gesellschaftsvertrag (um reale Leistung aus AVs zu bekommen)

Informeller
Gesellschaftsvertrag:
- Größe, Marktmodell
- Topmanagement
- „guter Arbeitgeber" (Aufstieg, Arbeitsplatzsicherheit)
- Bürokratie

1. - 3. sind Identifikationsmöglichkeiten

Lassen sich auch bei einer Arbeitsplatzunsicherheit gute Leistungen erzielen?
- ja, wenn die „anderen" implizierten Erwartungen erfüllt werden

Problematik bei hoher Personalfluktuation (auch bei Arbeitsverträgen):
- durch die ständige Suche nach neuem Personal entstehen hohe Kosten
- durch die immer wieder notwendige Ausbildung entstehen hohe Kosten
  - → bei jedem Tausch entstehen Transaktionskosten
  - → reiner „Personalaustausch" ist zu kostenintensiv
  - → Firmen sind daher (auch) daran interessiert, Führungskräfte länger zu behalten

Der Unterschied von Kaufvertrag/Tarifvertrag und informellen GV:
- beim Kauf- und beim Tarifvertrag kann gegen Verstöße geklagt werden
- beim informellen Gesellschaftsvertrag (IGV) kann nicht geklagt werden
  - → der IGV lebt von gegenseitigem Geben und Nehmen
  - → beim IGV findet ein sozialer Austausch auf Vertrauensbasis statt
    ABER Vertrauen kann auch enttäuscht werden

Bei Unternehmenskultur kommt es auf soziale Beziehungen im Unternehmen an:
- → Frage: Warum gibt es Blockaden (z. B. Bürokratie)?
- → Umstrukturierung der Bürokratie (Dezentralisierung: Abbau der Bürokratieblockaden)
  - Hin zur Teamarbeit (direkt mit dem Chef arbeiten) = Hierarchieabbau
  - ABER im Fallbeispiel gab es keine Transparenz und kein Mitentscheidungsrecht
  - Ein weiterer Nachteil: keine Hierarchie – kein Aufstieg
- → Umstrukturierung auf Personalebene:
  - Personalentlassungen führen zu Demotivation (Erwartungen werden enttäuscht)
  - Häufiger Wechsel des TOP-Managements führt zu Vertrauensverlust in dieses
  - Traditionell. Manager kamen aus der Firma und kannten diese
  - Heute: Manager sind „Neuzugänge" (durch Abwerbungen) + vielseitig einsetzbar
- → **Die informelle Ebene ist sehr wichtig** (Motivation, Vertrauen der Mitarbeiter spielt bei der Erbringung der Arbeitsleitung eine große Rolle)

Text: „Führungskräfte im Wandel der Firmenkultur"

Arbeit, Ökonomie, Arbeitsteilung und Arbeitslosigkeit

Arbeit für Geld
- *neutrale Anerkennung/gesellschaftlich Anerkennung*

Unbezahlte Arbeit (Hausarbeit)
- *eingeschränkte Anerkennung der Leistung (öffentliche Anerkennung fehlt)*

→ *unterschiedliche Formen/Qualitäten/Weiten der Anerkennung*
→ *Arbeit hat demzufolge unterschiedliche Anerkennungsqualitäten*

Vor- und Nachteile der bezahlten Erwerbstätigkeit (siehe Text):
Geld:
- *Vorteil: zur Bedürfnisbefriedigung wird Geld benötigt*
- *Nachteil: fehlt Geld entstehen Ängste – es gibt auch einen gesellschaftlichen Zwang Geld zu verdienen (Zwang + Erwartungen)*
Aktivitätsniveau:
- *Vorteil: Energie der Person kann sich entfalten*
- *Nachteil: manchmal ist es auch langweilig jeden Tag zur Arbeit zu gehen*
→ *so lassen sich für alle im Text aufgeführten Argumente auch Kehrseiten finden!!!*

Erwerbsarbeit hat einen Doppelcharakter: sie ermöglicht gesellschaftliche Verankerung ist aber gleichzeitig auch ein Zwang.

Institutionenökonomie

Welche Regeln gibt es? Wie können Ergebnisse arbeitsteiliger Prozesse koordiniert werden? Durch folgende zwei Möglichkeiten (Koordination arbeitteiliger Prozesse?)
1. *in den Fabriken durch Planung/Kontrolle/Hierarchie von oben (Zuweisung einer Aufgabe zu einer speziellen Person durch die Unternehmen/Betrieb/"the firm")*
   DOCH die Arbeitsteilung in den Fabriken kann nicht mit den gleichen Instrumenten koordiniert werden wie die Arbeitsteilung in der Gesellschaft
2. *durch den Markt (die Preisfestsetzung erfolgt durch die Märkte - Koordination der gesellschaftlichen Arbeitsteilung)*

Arbeitsteilung

Berufe (Gesellschaft)   Fabriken (Manufaktur)

Adam Smith *(der Markt reguliert sich selbst): Produktivitätssteigerung durch Arbeitsteilung/Spezialisierung ABER Arbeitsteilung/Spezialisierung bringt auch einige grundlegende Probleme mit sich (die Kehrseite von 1. + 2.)*

Erwerbsarbeit „sind" gesellschaftliche Institutionen (Regeln) und fällt man aus diesen heraus, merkt man die Kehrseiten (bspw. den Zwang Geld zu verdienen).

Taylor und Ford - Organisation von Aktivitäten über Hierarchien
- Systematisierung von Arbeitsschritten
- Trennung von ausführender und planender Arbeit
ZIEL: Produktion hoher Stückzahlen in geringer Zeit
     (Taylor und Ford wünschen das „Nichtdenken" - vor ca. 70 Jahren)
ABER diese Produktionsform ist nicht für alle Branchen anwendbar: im Maschinenbau (kleine Mengen) und in der chemischen Industrie konnte sie nie Fuß fassen

Fordismus und Taylorismus gelten als low-trust-Systeme: Aufgaben werden vom Management gestellt und mit den Erfordernissen der Maschinen verknüpft

Der Wandel von Fordismus und Taylorismus
Wie hat Ford Autos verkauft?
- durch die Erschaffung des Marktes – eines Anbietermarktes (Autos waren neu)
- dadurch, dass nur eine Sorte Auto hergestellt wurde
ABER wegen der Entwicklung vom Anbieter- zum Verkäufermarkt waren Änderungen in der Produktion nötig:
- es mussten neue, unterschiedlich Produkte hergestellt und angeboten werden (flexible Massenproduktion)
- durch diese Marktentwicklung verloren Fordismus und Taylorismus immer mehr an Bedeutung (Entwicklung ging weg von diesen Produktionsformen)

Vom low-trust-System zum high-trust-System
- beim high-trust-System bleibt das Arbeitstempo und sogar der Inhalt der Arbeit weitgehend den Individuen überlassen – sie bekommen mehr Verantwortung

Dadurch entsteht eine **„neue" Organisation der Massenproduktion**
- durch Teambildung: neue Produkte erfordern die Änderung der Maschinenprogrammierung durch qualifiziertes Personal
- Teamidee: Rückmeldung von Vielen um Produkte schnell zu vermarkten und Fehler schneller zu finden

Zeit, Arbeitsdisziplin und Industriekapitalismus (E. Thompson)

Arbeitsorganisation ausgehend von der Arbeitsteilung - Unterscheidung von
- Hierarchie und Markt
  = Institutionenökonomie: to make or buy (selber machen oder kaufen)

Vom low-trust zum high-trust-System

Fords und Taylors low-trust-System (hierarchische Kontrolle) wandelt sich im Laufe der Zeit zum high-trust-System (mehr/größere Verantwortung der Mitarbeiter)

Die zwei Gründe für diesen Wandel *(siehe VL Mitschrift vom 12.05.2005):*
- *die flexible Produktion und die Entwicklung zum Verkäufermark*
  ABER die Leute haben sich schlecht in die neue Situation eingelebt (Zeitplanung)

Gründe für die Entwicklung der neuen (Arbeits-)Zeitorganisation

Geschichtlicher Abriss - Arbeitszeitorganisation vor dem 18. Jahrhundert
- Menschen haben die Zeit aufgabenorientiert eingeteilt
- Tätigkeiten wurden dem natürlichen Rhythmus angepasst (die Zeiteinteilung war von der Natur vorgegeben)

Warum ist die Umstellung erfolgt (Arbeitszeit als Messproblem)?
- als Menschen nicht mehr für sich selbst gearbeitet haben (Arbeit für andere)
  - → gesellschaftliche Machtverhältnisse gehen in die Einteilung der Zeit mit ein
  - → zu Beginn wurde die kapitalistische Marktwirtschaft zur Erwirtschaftung eines Profits für einen anderen genutzt (Ursprünge der modernen Marktwirtschaft – erste Industriezweige: Textil und Baumwolle)
  - → Kaufleute im Fernhandel waren die ersten Gruppen von Leuten, die ökonomisch handelten, um Profit (Gewinn) zu erwirtschaften - sie haben als erste versucht Produkte zu verstetigen
    Bsp.: putting out – Vertragswesen → zunächst Heimindustrie
    Die Textilindustrie (frühste Form der Industrie): durch die Leihe von Werkzeugen und Rohstoffen an Bauernfamilien, die diese (im Winter) gegen Lohn (im Winter) verarbeiteten, wurde die Versorgung von Stoff gesichert

Veränderung im Laufe des 18. Jahrhunderts
Vorher – Kaufleute gaben Rohstoffe an Landbevölkerung, die diese verarbeiteten
Nachher – die strikte Arbeitszeiteinhaltung wird ein Muss
- durch den Maschineneinsatz (Arbeitsteilung erfolgt aufgrund von Maschinen)
  - → Maschinen sind die Voraussetzung für die Abkopplung von der nat. Arbeitszeit
  - → Maschinen sind zeitunabhängig vom natürlichen Rhythmus
  - → Leute müssen gezwungen werden sich dem Maschinenrhythmus anzupassen
  - → erstmals erfolgt die Trennung von Arbeitsort und Wohnort (keine Heimarbeit)
  - → eine Unterscheidung von strikt geregelter Arbeitszeit und Freizeit erfolgt

- ❖ **Die 2 Faktoren Macht und Maschinen, haben einen „Zeit"-Wandel erfordert**
- ❖ **Die Einhaltung der Arbeitszeit wird durch Maschinen und Macht ein Muss!**
- ❖ **Bei der Arbeitszeitorganisation müssen beide Faktoren zusammenkommen**

Die Gründe für die Entwicklung zur neuen Arbeitszeitorganisation

Die Bevölkerung hat sich dem neuen Arbeitsrhythmus nur widerwillig angepasst und aus folgenden Gründen nicht am alten Arbeitsrhythmus festgehalten:

1. **Die Menschen mussten ihre Versorgungsgrundlage sichern**
   - Geld spielt eine zunehmende Rolle: das Leben zur Pacht begünstigte die Verarmung der Bevölkerung (viele Schulden wurden gemacht)
   - Enteignung/Privatisierung: Grundherren wollten lieber Weiden als Felder haben (um Schafe für Baumwolle zu züchten)
   ⇒ die Versorgungsgrundlage auf dem Land war verloren
   ⇒ Selbstversorgung war nicht mehr möglich (keine Existenzgrundlage in der LaWi)
   ⇒ dann trieb die Not die Leute in die Städte/Firmen

2. **Pünktlichkeit wurde in den Firmen durch die Einführung von Uhren „erzwungen"**
   - die Leute mussten sich an die „neuen" Betriebsregeln halten, um ihr überleben zu sichern (Aber wer kontrolliert die Uhr? Der Fabrikarbeiter?!)
   - andererseits war der Fabrikarbeiter durch Uhren auch auf der sicheren Seite (er war pünktlich da, konnte aber auch pünktlich gehen...)
   Erziehung zur Pünktlichkeit im Alltag:
   - erzieherische Maßnahmen fingen bspw. schon in der Schule an
   Kinder und Lehrer wurden/werden durch feste Rituale, wie Pausen und zeitlich genau festgelegte Stundenpläne, zur Pünktlichkeit erzogen
   - auch heute wird man oft in ein zeitliches Korsett gezwängt (Rhythmen werden vorgegeben bzw. angelernt)

3. **Die Rolle der Kirche (Religion und Kapitalismus)**
   Vorher
   - Antike: der Bürger bestimmte die Geschicke der Stadt
     → Leute die nicht von Arbeit leben musste, waren angesehen
     → die Grundstücke haben gearbeitet/gewirtschaftet, nicht die Menschen
   - Mittelalter: „Nichtarbeit" ist standesgemäß
     → nicht körperlich arbeiten zu müssen hat den man von Ehre ausgemacht (Adel)
   Mit der religiösen Wende kam die Umwertung von Arbeit
   - Polemik gegen Nichtarbeit
   - Polemik gegen den Adel als Müßiggänger
   - es wird gepredigt, dass Arbeit das Mittel sei sich von der Sünde zu befreien

Die unterschiedlichen konträren Religionen dieser Zeit

Protestantismus (1517 – Luthers Ref.)
- allein durch die Schrift und den Glauben werden Menschen selig
- der einzelne steht mit Gott in Verbindung (Individualisierung)

Katholizismus
- Ablasshandel
- der Papst als Vermittler zu Gott t
- keine Kirchenhierarchie

Johannes Calvins Lehre der Prädestination - eine Abwandlung von Luthers These
- der Mensch weiß nie, ob er vor Gott wohlgefällig ist (wie er vor Gott dasteht)
- ABER man kann das daran sehen, wie es einem auf Erden ergeht
  - → Wohlstand auf Erden gilt als Hinweis dafür, dass es Gott gut mit einem meint
  - → Wohlstand kann als Zeichen der Wohlgefälligkeit vor Gott an gesehen werden
- Voraussetzung ist allerdings die weltlichen Askese
- → erworbener Reichtum muss für/in etwas Gutes eingesetzt/investiert werden
- Der Protestantismus legt mehr wert aufs Individuum
⇒ das resultiert in eine dramatische Änderungen der Sicht auf Arbeit

Resümee – Gründe für die Veränderung der Arbeitszeitorganisation:
- die Sicht auf/von Arbeit hat sich geändert
- die Lebensverhältnisse haben sich geändert (keine Selbstversorgung mehr)
- Geld wurde als Zahlungsmittel eingesetzt
- das Pachtsystem ersetzte das Naturalsystem (neue Armut)
- es gab jedoch keine freien Arbeitsmärkte

Mit dem 19. Jahrhundert (wurden die Menschen so zur Anpassung gezwungen):
- Einführung von freien Arbeitsmechanismen (Leute in Fabriken)
- Einsatz von Maschinen (Abweichung vom natürlichen Rhythmus)
- Kontrolle durch Fabrikbesitzer (durch Uhren)

Thompsons Vergleich der Industriegesellschaft mit den Entwicklungsländern:
- Entwicklungsländer durchleben jetzt die Entwicklung, die wir schon hinter uns haben

Müssen wir uns heute immer noch in ein Arbeitszeitschema drängen lassen?
- Teilweise schon aber Auflockerungen sind bereits entstanden (flexible Arbeitszeit)

Unternehmensreorganisationen + Flexibilisierung

Vorüberlegungen:
Vorteil von Routine: Routine bringt Sicherheit und diese ermöglicht, dass man sich über seine normale Arbeit hinaus über etwas Gedanken machen kann...

Flexibilität:
Ist die Fähigkeit in den Ursprungszustand zurück zu kehren, den man vorher hatte (auch nach Stress).

Gründe für die Reorganisation:
- *Auflösung des strikten Arbeitszeitrhythmus*
- *Übergang zum Käufermarkt*
  (Käufer melden Ansprüche an → Resultat: flexible Massenproduktion)

Die 3 Arten der neuen Flexibilität lt. Sennet

1. Diskontinuierlicher Umbau von Institutionen
Vorüberlegungen:
- **Institutionen** *sind Regeln, die unserem Handeln bestimmte Richtungen verleihen aber sich bei Abweichung auch als Zwang erweisen können.*
- **Organisationen** *sind Zusammenschlüsse von Menschen, welche, unter Beachtung von Regeln, bestimmte Ziele/Zwecke verfolgen*

Institutionen und Organisationen kann man folgendermaßen umbauen:
1.1 kontinuierlicher Umbau
- *folgt dem/den grundlegendem/n Wesen/den Regeln des Unternehmens*
  Bsp.: Der „Umbau" des Rentensystems - verlängert man im Zuge der Reorganisation die Arbeitszeiten , ändert sich trotzdem nichts am Grundprinzip/am System der umlagenfinanzierten Rente

1.2 diskontinuierlicher Umbau, kennzeichnet sich durch
- *den Übergang von Hierarchien zu flacheren Hierarchien hin zu Netzwerken und zur Teamarbeit*
- *Erschaffung von Querverbindungen (Netzwerken) anstatt des Nebeneinanders von Hierarchien (bei Hierarchien gibt es nur oben und unten)*
- *Ein Netzwerk unterscheidet sich dadurch von der Hierarchie, das es eine locke Verknüpfung ist, die in verschiedenen Richtungen führt*
  Bsp.: Riesterrente: hier wird ein zusätzliches Element wird eingebaut, so dass aus der umlagenfinanzierten die kapitalgedeckte Rente wird (das Grundprinzip wird verändert)

Es heißt diskontinuierlicher Umbau, weil
- *ein „Ausbruch" stattfindet (man hält sich nicht mehr an alte Regeln)*
- *die Logik/Grundprinzipien der Organisation verändert werden*

Folgen des diskontinuierlichen Umbaus:
- *Personalabbau (down-sizing) + Re-engineering (Personaleinsparungen)*
  Folge: Motivationsmangel, allgemeine Unzufriedenheit und Funktionsstörungen des Unternehmens (Energieverlust, Abkommen vom Kurs)
- *er wird als persönliche Bedrohung erlebt (wg. Entlassungen: - S. 63 Text)*
  Entlassungswellen führen nachweislich zum Sinken der Arbeitsmoral

Ist der diskontinuierliche Umbau dann wirklich produktivitätssteigernd?
- It. Sennet: muss der Ruf nach Umorganisation nicht bedeuten, dass die Produktivität steigt – Umorganisation kann auch Desorganisation bedeuten!!!
- Umbau ist heutzutage nicht immer eine marktorientierte Nachfragereaktion, es geht auch darum Unternehmen gewinnbringend ausschlachten
  → Die Rationalität von Umorganisation steht in daher in Frage!
- Bsp.: Wie kann es sein, dass Aktien während einer Unternehmensumstrukturierung trotz Personalabbaus steigen? Die Reorganisation des Unternehmens sendet ein Signal aus: das Aufbrechen von Organisationen scheint gewinnträchtig (die „alte" Kontinuität wird in Frage gestellt): Grund sind die Spannungen zwischen Anlegerinteressen und der Unternehmensexistenz.
- Bsp.: Herr Ackermann: er wollte mehr Geld hat aber Personal entlassen

Sharholder value: ◄────────► **Stakeholder value:**
Shareholder sind die Anteilseigner der Aktien

Stakeholder ist jeder, der mit dem Unternehmen zu tun hat (u. a. die Shareholder aber auch viele andere Gruppen)

Hedge Fonds: sollen Anleger vor Risiken schützen sollen, in dem sie ihrerseits selber volle Risiken eingehen und den Verlust in einem Bereich soll durch Gewinne in anderen Bereichten ausgeglichen (es werden enorme Geldmengen bewegt). Hedge Fonds sind erst seit 2004 in Deutschland zu gelassen (wegen ihrer enormen Macht).

2. Flexible Spezialisierung (der Produktion)
Flexible Spezialisierung kennzeichnet sich durch:
- eine schnelle Anpassung an den Markt (schnelle Anpassung an die Nachfrage)
- Teamarbeit
- neue Technologien (programmierbare Maschinen)
- weniger Hierarchien
- schnelle Entscheidungen (kleine Arbeitsgruppen)
- die Verkürzung der Zeiten, wann Produkte auf den Markt kommen
- Bereitschaft, die Arbeits- und der Unternehmensorganisation durch die wechselnde Fordehrungen der Außenwelt bestimmen zu lassen

Der Unterschied des „Rheinmodells" und des „anglo-amerikanisches Modells"
→ Unterteilung der politischen Ökonomien der entwickelten Länder lt. Michel Alberts

2. 1 Das Rheinmodell – „Neoliberalismus"(alles am Rhein)
- eine Form des regulierten Kapitalismus
- Gewerkschaften + Management teilen sich die Macht
- Kennzeichen: Kooperation der am Wirtschaftskapitalismus Beteiligten
- Abbremsung von Veränderungen zum Nachteil der Bürger
- ist bürokratiefreundlich (aber dennoch mit dem Marktmodell vereinbar)
- kennzeichnet sich durch Koordination: Konflikte werden zugelassen aber es besteht die Verpflichtung zur Kooperation im vorgegeben gesetzl. Rahmen
- Ist ein Modell, in dem zwei gesellschaftliche Gruppen, die durchaus im Interessenkonflikt zueinander stehen, vom Gesetzgeber anerkannt werden und daher, unter Beachtung ihrer gesetzl. Vorgaben, Gesetze aushandeln können
  Bsp.: Tarifautonomie – der Staat gibt Regeln vor :innerhalb dieser sind Arbeitgeberverbände und Gewerkschaften frei Verträge abzuschließen, (die dann ihrerseits Gesetzeskraft haben)

Bsp: Gesetzliche Krankenversicherung hier sind gesellschaftliche Gruppen und der Staat eingebunden
Bsp.: Das Gesetz der Regierung, dass Veräußerungen (Verkauf durch Hausbanken) steuerfrei sind

2. 2 Das anglo-amerikanische Modell –„Staatskapitalismus"

- *in Deutschland: nimmt die Entwicklung zum anglo-amerikanischen Modell zu*
- *Unterordnung der staatlichen Bürokratie unter die Wirtschaft*
- *Verfolgung von Veränderungen im Arbeitsleben (ohne Rücksicht auf Vor- oder Nachteile für Bürger)*
- *wenig politische Begrenzungen für Einkommensunterschiede*
- *Lockerung des vom Staat geschaffenen Sicherheitsnetzes*

Die Modelle und die Strategien der Flexibilisierung (Flexible Spezialisierung):

Was die Modelle mit der Flexibilisierung mit Spezialisierung zu tun haben...

Interne Flexibilisierungsstrategien

- *stützen sich auf Stammbelegschaften, die im Unternehmen flexibel eingesetzt wird (Arbeitszeit)*
- *setzten die Sicherheit der Beschäftigten voraus (Beschäftigungssicherheit)*
- *basiert auf Kooperationsstrategien gemäß der Argumentation des Rheinmodells (Grundsatz der Verhandlungsebene, Gewerkschaften)*
- *Ziel: Zusammenspiel bei Unternehmensstrategien*
- *Unternehmerinteresse an Beschäftigungssicherheit: hohe Transaktionskosten fallen weg (desto qualifizierter der Arbeitnehmer, desto mehr will das Unternehmen den Arbeitnehmer binden)*
- *bei hochwertiger Produktherstellung: der Arbeitgeber ist auf qualifizierte Arbeitnehmer angewiesen (nutzt daher Strategien interner F.)*

externe Flexibilisierungsstrategien

- *auch numerische FS genannt*
- *basiert auf dem Motto: hire and fire*
- *es finden viele Personalveränderungen statt*
- *Angriff aus starre Bürokratien*
- *basiert auf der Argumentation des anglo-amerikanischen Modells*

Aber Nachteil
- *hohe Lohnnebenkosten sind keine hohen Lohnstückkosten*

Die soziale Folgen der beiden Modelle (Nachteile):

→ *zu 2.1 - Rheinmodell: hohe Arbeitslosigkeit*
→ *zu 2.2 - amerikanisches Modell: hohe Einkommensunterschiede*
  ABER beide Modelle (nach Anteilseigner oder nach Unternehmensbeständigkeit) lassen sich ökonomisch rechtfertigen!

3. Konzentration (der Macht) ohne Zentralisierung
Vorüberlegungen (lt. Harrison):
- Kontrolle/Macht lässt sich durch Produktions- oder Gewinnvorgaben ausüben
- Konzentration ohne Zentralisierung ist eine Methode, Befehle innerhalb einer Struktur zu übermitteln, die nicht mehr so klar wie eine Pyramide aufgebaut ist.

Konzentration ohne Zentralisierung
- These: diese neue Organisationsform gibt den Menschen mehr Kontrolle über ihr eigenes handeln ABER häufig werden diese (kleinen Gruppen) überlastet
- These: werden Hierarchien zu Netzwerken verschwindet auch die Kontrolle
- durch indirekte Steuerung: nicht die Befehle sondern die Marktveränderungen wirken sich auf Arbeiter aus
  Bsp.: Es gibt einen Auftrag wobei es ist egal ist WIE die Arbeiter es schaffen – es wird nur noch die deadline vom Chef festgelegt, bis zu der der Auftrag fertiggestellt sein muss. Durch die Führungsebene erfolgt keine Kontrolle mehr (der Chef muss nicht mehr alles absegnen).
  → Konzentration von Kontrolle allerdings OHNE Zentralisierung

Folgen des Zusammenspiels der flexiblen Ordnung

Entstehung der flexiblen Arbeitszeit:
- Flex-Zeit entstand als mehr Frauen ins Berufsleben traten (wegen materieller Notwendigkeiten)

Die Arten der gleitenden Arbeitzeit
- Arbeitnehmer entscheidet selbst in welcher Zeit er täglich anwesend ist
- komprimierte Arbeitszeit: das Wochenpensum wird in vier Tagen erledigt
- Heimarbeit

Nachteile der flexiblen Arbeitszeit:
- Zeit ist nicht mehr planbar
- bei Heimarbeit: Arbeitgeber könnten die Kontrolle über die Arbeitnehmer verlieren
- DOCH daher führen sie wiederum extreme Kontrollen ein
  → Arbeitnehmer tauschen die eine Form der Überwachung gegen eine andere
  → die Arbeit ist physisch dezentralisiert, die Macht der AG zentralisiert worden

Resümee:
→ Re-engineering, flexible Spezialisierung, Neo-Liberalismus sind die Kräfte, die den Menschen einem Wanden unterwerfen

Charakteristika der flexiblen Persönlichkeit:
- Verzicht auf langfristige Bindungen
- Akzeptanz von Fragmentierung
  ABER auf den Charakter der „machtlosen" hat das neue Regime andere Auswirkungen)

Der selbstregulierende Markt und die fiktiven Waren (K. Polanyi)

These 1: Die These der selbstregulierenden Märkte von Adam Smith besagt, dass alles zur Ware werden kann und die Marktgesetze entscheiden wer was bekommt (Bruch mit der bisherigen Geschichte).

→ *Polanyi stimmt diesem Argument von Smith grundsätzlich zu.*

Früher regulierten die Märkte das Leben:
- *Mittelalter: vorhandene Regeln waren nicht marktwirtschaftlich (keine Marktregeln)*
- *Grund- und Boden war als Ware unbekannt*
- *Es gab keine freien Arbeitsmärkte*
- *Zunächst existierte nur der Naturalienhandel*
- *Zünfte legen Qualität und Preis der Waren fest (Planwirtschaft)*
→ *Es gab nur strikt regulierte LOKALE Märkte und Wirtschaften*
→ *Alle Regeln dienten der Sicherstellung der Versorgung*

Diese strikt regulierten Märkte waren wiederum nach drei Prinzipen geregelt:
1. *Das Prinzip der Reziprozität – Wechselseitigkeit*
   - Austausch von Gleichwertigem
   - kein Gewinnstreben
   - durch Beziehungen Verbindung knüpfen (Resultat: Anerkennung etc.)
2. *Prinzip der Redistribution - Umverteilung*
   - hat das Zusammenleben in früheren Gesellschaften gesichert
   - zur Nahrungsgewinnung war die Umverteilung notwendig (verpflichtend)
   - Zentralisierung wurde nötig, um die Umverteilung zu koordinieren/sichern
   - Hungersnöte wurden durch Lagerhaltung ausgeglichen
   → 1./2.: keine Märkte + kein Gewinnstreben
3. *Prinzip der Autarkie – Unabhängigkeit*
   - auf Basis des eigenen Haushaltes: überwiegend Selbstversorgung
   - Überschüsse werden vielleicht auf dem Markt verkauft
→ *Es gab Märkte, die jedoch diesen 3. Prinzipen untergeordnet waren*
→ *im Laufe des Jahrhunderts änderte sich das - Adam Smith stellte die Geschichte 1776 auf den Kopf (er galt als Revolutionär)*
→ *bis zum 18. Jahrhundert war es undenkbar, dass es freie Märkte geben wird/kann*

Gründe für diese Entwicklung
- *Problem: keine freie Bodenveräußerung und keine Arbeitsmärkte*
- *Resultat: Menschen auf Land konnten sich nicht mehr selbst ernähren (Verarmung nahm, auch wegen der Einführung von Geld, zu)*
- *Folge: gezwungenermaßen erfolgte eine Abwanderung der Landbevölkerung in Städte (dort wurden sie häufig als Vagabunden auggegriffen und verhaftet)*
→ *Selbstversorgung funktionierte nicht mehr*

Der Übergang zur Moderne (16.17. Jahrhundert: Merkantilismus)
→ *Märkte die gesellschaftlichen Regeln unterlagen wurden zu Märkten, die nach dem Gewinnprinzip funktionieren*
→ *Märkte regulieren jetzt die Gesellschaft (nicht umgekehrt)*
- *alles was bisher war wird auf den Kopf gestellt*
- *Entwicklung über den Fernhandel (dieser war abgeschottet vom lokalen Binnenhandel)*
- *Handelsschranken werden (nach innen) reduziert*
- *eine zentrale staatliche Verwaltung wird aufgebaut*
- *bestimmte Industrien werden gefördert*
- *Exportgüter werden produziert (Gewinne kommen der Armee zu Gute)*
- *es gab/gibt für alles einen Markt und Märkte regieren die Gesellschaft*
Hätte sich Smith mit der ersten These (alle Elemente des gesellschaftlichen Lebens können zur Ware werden) durchgesetzt, wäre es eine Katastrophe geworden denn:

These 2: Die These der selbstregulierenden Märkte von Smith erfordert, dass auch Arbeit, Geld und Boden zur Ware werden. Wenn jedoch alles zur Ware werden kann, würde das gesellschaftliche Zusammenleben/die Grundlagen des gesellschaftlichen Zusammenlebens unmöglich werden (besonders bei den Faktoren Geld, Boden und Arbeit).

Was ist eine Ware
Waren sind alle Arten von Leistungen und Gütern, die mit dem Zweck Gewinn zu erwirtschaften, produziert und verkauft werden.

Polanyis Gegenargument zu Smiths These der selbstregulierenden Märkte
- *Smith behauptet, dass alles zur Ware werden muss, damit Marktwirtschaft funktioniert*
- *wären Boden, Geld und Arbeit also keine Waren würde die Marktw. nicht funktionieren*
Polanyis Gegenargument: Arbeit, Geld und Boden sind „nur" fiktive Waren
- *Boden, Arbeit und Geld, die häufigsten Warenarten, sind eigentlich nur fiktive Waren (als ob es Ware ist, tatsächlich ist aber keine)*
- *diese fiktiven Waren wurden erst später zum Verkauf angeboten*
- *sie erfordern eine besondere Beahandlung: es müssen Regelungen geschaffen werden, die deren Einsatz einschränken*
- *Polanyis Gegenthese beruht auf Fakten: er argumentiert an Hand der geschichtlichen Entwicklung (Einführung von Gesetzen und Arbeitsschutzbestimmungen)*

Sind Arbeit, Boden Geld in diesem Sinne Waren? (Produktion zwecks Verkauf)
- *Polanyi sagt nein*
- *würde man z. B. den Menschen (Arbeit) 24 Stunden „laufen lassen", ginge er kaputt*
→ *Arbeitskraft ist also eine besondere Art der Ware (Polanyi)*
→ *Boden/Natur sind ebenfalls besondere Arten von Waren (sie existieren einfach)*

These 3: Marktwirtschaft wurde nur durch eingeschränkte Märkte (Marktwirtschaft) möglich, dass heißt sie funktioniert nur, wenn ihr Regeln auferlegt werden.

Polanyis Grundgedanken
- Arbeit, Boden und Geld mussten zu frei verhandelbaren Waren werden, um die industrielle Produktion aufrechtzuerhalten (Maschinerie + keine Selbstversorgung mehr)
- die Warenförmigkeit von Arbeit, Boden und Geld muss eingeschränkt werden
- entwickelte Marktwirtschaften sind nur möglich, wenn sie Regeln unterworfen werden
- die Regeln müssen von der Gesellschaft nicht vom Markt gesetzt werden
  (keine rein kapitalistischen Marktgesetze)

Die Einführung folgender Neuerungen untermauern Polanyis Argumentation:
- Verbot von Kinderarbeit
- Einführung von Fabrik- und Arbeitsschutzgesetzen (erste Zeichen des Sozialstaats)
- bessere Überlebenschancen für alle (durch Kanalisation und mehr Hygiene)
- → marktwirtschaftliche Bedingungen, die die Gesellschaft zerstören könnten, werden unterbunden

Die unterschiedliche Betrachtung von Waren, hier insbesondere von Geld, Boden und Arbeit, ist der Unterschied von Smith und Polanyi:
- Marktwirtschaft funktioniert nur durch Erschaffung von Produktionsfaktoren
- ABER Marktwirtschaft ist auch nur möglich, wenn es Gesetze gibt, die diese Produktionsfaktoren regulieren und schützen
- ↔ Smith geht davon aus, dass ALLES reine Ware ist (keine Regulierung)

Die Dienstleistungsgesellschaft

Vorüberlegungen:

- die meisten Menschen sind heutzutage im Dienstleistungsbereich beschäftigt
- Dienstleistungen sind eine bestimmte Form der Tätigkeit
- Dienstleitungstätigkeiten sind immateriell
- Dienstleistungen stehen dem nicht verarbeitendem Gewerbe gegenüber (Landwirtschaft)
- Dienstleistungen ist alles das, was das „andere" nicht ist!

Funktionale Betrachtung/Statistik = Input(orientiert)
(nur die Tätigkeit wird betrachtet)

Immaterielle Dienstleistungen
(da es so viele Dienstleistungen gibt, gelten die immateriellen Dienstleistungen als Vorstufe folgender Dienstleistungen, diese sind die Endstufe)

Konsumorientierte Dienstleistungen
Für den sofortigen Konsum produzierte DL.

Personenbezogene Dienstleistungen
- funktionieren nach dem „uno acto"-Prinzip (lat. in einem Akt)
- Leistungserbringer und Empfänger sind zur selben Zeit in einem Raum anwesend (z. B.: Zahnarzt, Lifekonzert)

Haushaltsbezogene Dienstleistungen
- Hausarbeit: Waschen, Bügeln, Putzen etc.
- das Ergebnis der Haushaltsbezogenen Dienstleistungen geht nicht weiter in die Produktion ein

Produktions-/Unternehmensorientierte DL
- Dienstleistungen, die dazu beitragen, dass ein materielles Produkt entsteht
- tauchen beim Outsourcing im tertiären Sektor auf
- der Zweck von produktionsorientierten Dienstleistungen liegt nicht in den DL selbst → das Ergebnis soll einen Nutzen bringen

Sektorale Betrachtung = Output(orientiert)
nicht verarbeitendes Gewerbe (das was am Schluss rauskommt ist wichtig: Leistung/Produkt)

1. **primärer Sektor**
   Land- und Forstwirtschaft, Fischerei, Rohstoff- und Energiegewinnung (Bergbau, Diamanten)
2. **sekundärer Sektor**
   Güterproduktion, verarbeitendes Gewerbe (Koch, Ingenieur etc.)
3. **tertiärer Sektor**
   Dienstleistungen: Hotellerie, Gaststätten, öffentliche Verwaltung, soziale Dienstleistungen (Bildungseinrichtungen, Krankendienstleistungen), freie Berufe, Steuerberater, KFZ-Handwerker, Finanzdienstleister (Banken, Versicherungen) Handel, Tourismus, Medien (Telekommunikation), Transport, Verkehr

Die Strukturierung der funktionalen und sektoralen Betrachtung

Funktionale Betrachtung
Betrachtung der Tätigkeit = Input

Immaterielle DL

Konsumbezogene DL   Produktionsbe-
zogene DL

Personenbezo-   Haushaltsbe-
gene DL   zogene DL

Sektorale Betrachtung
Betr. des Endprodukts = Output

1. primärer Sektor
2. sekundärer Sektor
3. tertiären Sektor

Charakteristika der funktionalen und sektoralen Betrachtung

Funktionale Betrachtung/Statistik
- man weiß was der Einzelne tut (die ei-
gentlichen Tätigkeiten)
→ inputorientiert
- hier gibt es mehr Dienstleistungsbeschäf-
tigte als in der sektoralen Betrachtung

Sektorale Betrachtung (Statistik)
- betrachtet den Unternehmensoutput
→ outputorientiert
- man erfährt was das Unternehmen
wirtschaftlich tut (wirtschaftliche Organisation des Unternehmens)
- teilt Mitarbeiter nach Betriebsangehö-
rigkeit zu

Konsequenz der funktionalen und sektoralen Betrachtung:
- der Gegensatz von Dienstleistungen (funktional) und Produktion (sektoral) ist falsch
- ein Großteil der Dienstleistungen (funktional) sind Industriebezogen (sektoral)
- Dienstleistungen nehmen in Deutschland zwar zu
- ABER die Industrie (Produktion) bleibt ein wichtiger Teil der Wirtschaftsstruktur
- bspw. taucht der Koch bei Daimler zwar im sekundären Sektor (sektorale Betrachtung)
auf, er ist jedoch gleichzeitig auch produktionsbezogener (funktional) Dienstleiser

Die Aufteilung in funktionale und sektorale Betrachtung ist wichtig, weil
- einerseits die Tätigkeiten und
- andererseits das Endprodukt getrennt betrachtet werden kann

Baethges Text „Abschied von Industrialismus" belegt:
1. die DL-Gesellschaft ersetzt NICHT die Industriegesellschaft
2. die Wege in eine DL-Gesellschaft sind vielfältig: sie hängen von
   - der kulturellen Situation (Fragen des Lebensstils) und
   - politische Rahmenbedingungen (in welche Richtung das Land geht) ab.
   (weniger ökonomische Aspekte - siehe US- und Skandinavisches Modell)

Text „Abschied vom Industrialismus" (von M. Baethge)

Thesen des Textes:
- es gibt eine Entwicklung hin zur Dienstleistungsgesellschaft
- Baethge behauptet in Deutschland gäbe es eine Dienstleistungslücke
- ABER Baethge berücksichtigt nur die sektorale Betrachtung
- lt. sektoraler Statistik gibt es in Deutschland tatsächlich eine Dienstleistungslücke...

Vergleich von Großbritannien und Deutschland 1998 (Text S. 91)
- die USA weist bei der sektoralen Betrachtungsweise mehr Dienstleistungen auf
- ABER in Deutschland sind die mit dem verarbeitendem Gewerbe bezogenen Dienstleistungen stärker in Unternehmen integriert
→ vertikale Integration: Dienstleistungstätigkeiten, die für die industrielle Produktion wichtig sind, werden in die Unternehmen integriert
- daran wird das Gewicht der produktionsbezogenen Dienstleistungen in Dts. deutlich

Problematik
- Wie kommt es, das bei gleichem Wirtschaftswachstum beispielsweise die Arbeitslosig-
keit in Deutschland höher als in de USA ist?
→ **Der Text thematisiert, wie man diese Situation bekämpfen kann.**

Fourastiés „Theorie der Dienstleitungsgesellschaft" (Ref. Baethge)

Grundgedanken
- personenbezogene Dienstleistungen sind schwer zu rationalisieren
- daher erfolgt ein der Übergang zur Dienstleistungsgesellschaft
- da Dienstleistungen sehr personalintensiv sind, sind sie die große Hoffnung des 20.
Jahrhunderts auf Beschäftigungssicherung
- daher sei jedoch auch die eine Unterscheidung von Tätigkeiten, wichtig (wie viel Auf-
wand für welche Tätigkeit)
→ demzufolge ist auch die Aufteilung in die funktionale und sektorale Betrachtung notwendig (es wird entweder das Ergebnis oder die Tätigkeit betrachtet)
→ die Dienstleistungsgesellschaft ist die große Hoffnung des 20. Jahrhunderts für die Sicherung von Arbeit/Beschäftigung (vielfältige Bedürfnisse müssen befriedigt werden)
→ Fourastiés These basiert auf unterschiedlichen Produktivitätsniveaus
→ da die Produktivität im DL-Bereich (tertiärer Sektor) niedrig aber arbeitsintensiv ist,
kommen wir mit der Dienstleistungsgesellschaft in eine Zeit der Vollbeschäftigung

Gründe für die Verschiebung vom primären zum sekundären Sektor (lt. Fourastié)
Vorüberlegungen
- über Jahrhunderte wurde im primären Sektor gearbeitet
- die Produktivität im primären Sektor war/ist mittelmäßig
- im 2. Jahrtausend hat sich die Beschäftigungsstruktur völlig verändert
- es wurden neue Arbeitskräften freigesetzt
- im sekundären Sektor ist die Produktivität hoch (Güterherstellung mit Maschinen)

→ Es entstand eine neue Produktivität (durch Neuerungen in der Landwirtschaft)
   Bsp.: Ochsen wurden durch Pferde ersetzt, das „Geschirr" wurde erfunden, die Drei-
   Felder-Wirtschaft wurde eingeführt (ungenutzte Fläche wird reduziert)

Auswirkungen der neuen hohen Produktivität
- durch Maschineneinsatz konnten Produkte schneller und billiger hergestellt werden
- grundlegende Bedürfnisse konnten schneller befriedigt werden
- durch den Maschineneinsatz hatte man mehr Freizeit
- andere/neue Bedürfnisse bildeten sich heraus (Bildung, Reisen, Gesundheit, Fun)
- durch den Maschineneinsatz konnten Überschüsse erwirtschaftet werden
- es war Geld übrig, dass man für diese neuen Bedürfnisse ausgeben konnte

Folgen der neuen hohen Produktivität
- durch den Maschineneinsatz wurden weniger Leute im primären Sektor gebraucht
- dadurch entsteht der tertiäre Bereich: es muss Leute geben, die die neuen Bedürfnisse nach Dienstleistungen befriedigen
- laut Fourastié gehen die Leute aus dem primären Berech über in den tertiären Bereich (in der sektorale Betrachtung)

Sektorale Betrachtung	Produktivität	
1. primärer Sektor	mittel	*Entwicklung der zur höheren Produktivität laut Fourastié*
2. sekundärer Sektor	hoch	
3. tertiärer Sektor (DL)	niedrig	

Warum Fourastié´s Theorie beim tertiären Sektor endet
- es gibt einen hohen Beschäftigungsstand, da Dienstleistungen nie „ausgehen" können
- daraus folgt, dass alle Menschen eine Vollzeitbeschäftigung haben
- bei hohem Beschäftigungsstand alle Bedürfnisse sind befriedigt

Warum die Produktivität im Dienstleistungsbereich laut Fourastié niedrig ist
- Fourastié hat sich nur auf personenbezogenen Dienstleistungen bezogen („uno acto")
- der Konsument ist auf den Dienstleister angewiesen (beide müssen anwesend sein)
- diese These ist auch eine entscheidende Qualitätsgrenze von personenbezogenen DL

Gegenargumente für Fourastiés Theorie von Gershuny und Baumol

Problematik: Fourastiés sagt, dass wir **mit der Dienstleistungsgesellschaft in eine Zeit der Vollbeschäftigung** kommen, da Dienstleistungen nicht ersetzt werden können **aber wieso gibt es dann so viele Arbeitslose?**

1. Viele Dienstleistungen werden heute durch Selbstbedienung **erbracht** (Gershuny)
- die im sekundären Sektor hergestellten Produkte sind so günstig, dass man sich die Maschinen/Produkte kaufen und die Dienstleistung selber erbringen kann (Bsp.: Wäsche waschen, PC-Nutzung, Bahntickets, virtuelle Seminare, Banken etc.)
- Folge: man betätigt sich selbst als Dienstleister und daher muss es keine Dienstleistungsgesellschaft mehr geben (Gershuny)
→ personenbezogene Dienstleistungen werden potentiell unwichtig
→ im Dienstleistungsbereich machen sich Rationalisierungseffekte bemerkbar (der Dienstleistungsbereich hat ein hohes Rationalisierungspotential)

2. Die „These Kostenkrankheit" im konsumorientierten Bereich (Baumol)
- Baumol stimmt Fourastiés Argumentation grundsätzlich zu ABER
- wenn es so wäre wie Fourastié behauptet, dann würden qualifizierte Dienstleistungen zu teuer (man könnte sich Dienstleistungen eigentlich nicht mehr leisten)
- vielfältige Bedürfnisse und unterschiedliche Produktivitätsniveaus führen nicht zur Vollbeschäftigung (Fourastiés Hoffnung scheitert an zu hohen Kosten für DL)

Baumols Argumentation:
- aufgrund der spezifische Produktionstechnologie von Dienstleistungen gibt es kaum ein Wachstumspotential für die Arbeitsproduktivität im Dienstleistungsbereich
- Folge: es gibt eine Lohn- aber KEINE Produktivitätssteigerung im DL-Bereich
- daraus resultiert eine übermäßige Kostensteigerung für den Dienstleistungsbereich
- DL sind so teuer, weil sie so schwer rationalisierbar sind

Baumols 1. Lösung: Lohnabkopplung in der Produktion (Lohn nach Produktivität)
- DL dürfen nicht das hohe Lohnniveau des verarbeitenden Gewerbes haben
- Senkung der Kosten für Dienstleistungen durch Erschaffung eines Billiglohnsektors
- hochqualifizierte Dienstleistungen erfordern hohe Einkommen
- geringqualifizierte konsumorientierte DL erfordern niedrige Einkommen
- ABER Billiglohn ist bei bestimmten Dienstleistungen problematisch (soziale DL)
- Nutzung des skandinavischen Modells für qualifizierte DL mit niedriger Produktivität

Baumols 2. Lösung: Umwandlung der unbezahlten in bezahlte haushaltsbezogenen DL
- unbezahlte haushaltsbezogenen Dienstleistungen müssen zu bezahlten, am Markt erwerblichen Dienstleistungen werden
- Vorraussetzung: niedrige Preise/Löhne (Erschaffung eines Billiglohnsektors)

Problem: Dtl. hat schon einen Billiglohnsektor (Wie billig soll Arbeit noch werden?)

Das US-Modell zur Umgehung der Kostenkrankheit – Regelung über den Markt:
- soziale Dienstleitungen sind über Markt erwerblich
- ABER es gibt eine starke Einkommensungleichheit

Das Skandinavisches Modell gegen die Kostenkrankheit – Staatliche Regelung:
- es gibt einen stark ausgebauten öffentlicher Sektor für soziale Dienstleistungen
- die Dienstleistungsqualität ist hoch und die Einkommensunterschiede gering
- ABER die Steuerlast ist groß
- zur Sicherung des Systems wird bspw. in Norwegen den Eltern Erziehungsgeld/-zeit zugesichert, die aber verfällt, wenn nicht beide Elternteile Ihren Anspruch wahrnehmen
→ beide Modelle kennzeichnen sich durch Vollzeitbeschäftigung
→ In Deutschland gibt es jedoch viel Teilzeitbeschäftigung
   (Männer und Frauen teilen sich die Erwerbs- und Hausarbeit gleichmäßig)
→ die Regelung erfolgt nicht über den Staat nicht oder über den Markt

Potentiale zur Steigerung des Dienstleistungsanteils lt. Baethge

1. Outsourcing/Spezialisierung von produktionsbezogenen Dienstleistungen
- Nachteil: durch diese Art der Rationalisierung können innerhalb des Betriebes ganze Abteilungen wegfallen (Arbeit im Outsourebetrieb muss von Wenigern gemacht)
- je komplexer ein Prozess, desto höher die Anforderung an die DL-Bereiche (Qualitäts- nicht flexible Massenproduktion ist gefragt)

2. Steigerung der haushaltsbezogenen Dienstleistungssteigerung + der Frauenerwerbsquote
- in Dtl. machen Frauen zumeist ohne Verdienst diese Arbeit (in Dts. gibt es für Frauen viele Hürden für den Einstieg in Erwerbsarbeit)
- Baethge: diese unbezahlte Erwerbsarbeit müsste in bezahlte Arbeit übergehen (evry working women needs a wife)

Was ist Globalisierung? Was ist neu daran? Welche Indikatoren gibt es?
(Ein Text von Rainer Trinczek.)

Was ist Globalisierung?
- Unter Globalisierung versteht man die weltweite Arbeitsteilung und
- die Vernetzung durch die zunehmende Einführung von Kommunikationssystemen (IT)

Neuerungen bei der Globalisierung laut Trinczek

1. Liberalisierung der Finanzmärkte (!)
- die Entwicklung begann 1970 mit der Einrichtung des Internationalen Währungsfonds
(die Einrichtung des Internationalen Währungsfonds gilt als historischer Wendepunkt)
- vorherige Finanzordnung nach Bretton Woods
  - Bindung des Dollars an Goldpreis
  - der Dollar war die Leitwährung für alle anderen Währungen
  - Konsequenz: Spekulation auf Währungsschwankungen waren sinnlos, da es einen festen Wechselkurs gab
- dann kehrte man sich vom Bretton Woods Abkommen ab
  - Grund: hohe Verschuldung der USA
    1. durch den Vietnamkrieg
    2. die USA war ein Gläubigerland (hätte die USA das ganze geliehene Geld zurück zahlen müssen, hätte das katastrophale Folgen gehabt)

Vorteile/Neuerungen durch die Liberalisierung (hinsichtlich der Globalisierung):
- nach Bretton Woods wurden Devisenspekulationen an der Börse möglich/beschleunigt, da die Wechselkurse freigegeben wurden (wichtig für die Finanzmarktliberalisierung)
- die Transaktionen auf Devisenmärkten sind nach Bretton Woods tatsächlich sehr hoch
- die Möglichkeit der Devisenspekulation bietet für Anleger mehr Optionen auf den Finanzmärkten als vor 20 Jahren
- es gibt eine neue Dynamik und neue Anforderungen an Gewinne von Unternehmen (Unternehmen müssen jetzt dafür sorgen, dass die Geldgeber zufrieden sind)

Folgen der Liberalisierung der Finanzmärkte:
- Unternehmen werden zur Spekulation gezwungen, um Währungsrisiken aufzufangen (Unternehmen spekulieren nicht immer freiwillig an Märkten)
- daher müssen sich Unternehmen durch hohe Aktienkurse vor Übernahmen schützen
- Spekulationen, bei denen durch Unternehmen große Geldmengen (Hedge Fonds) bewegt werden, können auch zum Bankrott anderer Unternehmen führen
Bsp.: Hedge Fons waren eigentlich als Mittel sich gegen Risiken abzusichern gedacht. Anleger sollten vor Risiken geschützt werden, indem die Hedge Fonds ihrerseits volle Risiken eingehen und eventuelle Verluste durch Gewinne in anderen Bereichten ausgleichen. Dieses Instrument kann sich jedoch wegen der Bewegung der enorm hohen Geldmengen auch nachteilig auswirken.
- daher werden Forderungen nach einer Deregulierung der Finanzmärkte laut, um diesen Dominoeffekt zu verhindern (Sorros)

→ Liberalisierung an Finanzmärkten ist lt. Trinczek eine neue Qualität von Globalisierung
→ die Liberalisierung ist demzufolge ein **NEUER Indikator** der Globalisierung

2. die Organisation von Unernehmen (! ?)
- als Neuerung gelten hier die transnationalen Unternehmen (TUN)
- laut Trinczek ist die Entstehung von transnationalen Unternehmen nur durch Vernetzung von Kommunikationssystemen/IT möglich (zentrale These der Globalisierung)

Neuerungen/Vorteile durch die neue Unternehmensorganisation durch IT (Trinczek):
- die dezentrale Koordination von Unternehmen wird möglich (der Firmensitz transnationaler Unternehmen kann überall sein und von überall koordiniert werden)
- TNU können Ihre Standorte auch außerhalb der nationalen Grenzen nach dem Günstigkeitsprinzip verteilen (der Firmensitz ist da, wo die Steuern am niedrigsten sind, es werden billige Standorte für Produktion, Forschung + Entwicklung etc. gesucht)

Trinczeks Argument der transnationalen Unternehmen ist zwiespältig!
- Standorte werden nicht nur nach dem Günstigkeitsprinzip gewählt (lt. Statistik)
- Unternehmen operieren zwar (inter-)national aber die Standorte befinden sich meist im Entstehungsgebiet/-land des Unternehmens (wg. Beziehungen etc.)
- die Hauptstandorte/headquaters sind oft in meist entwickelten Regionen
- → IT ist wichtig für die Organisation der Unternehmen (für transnationale Unternehmen) aber die Standorte werden trotzdem nicht immer nach dem Günstigkeitsprinzip gewählt
- → TNU sind ein wichtiger aber **ZWIESPÄLTIGER NEUER** Indikator der Globalisierung

Zwei weitere Indikatoren (Merkmale) der Globalisierung

1. Zunahme der Direktinvestitionen ins Ausland (!)
- es wird dort investiert, wo schon immer investiert wurde (Trinczek fragt sich, ob Handelsströme global laufen)
  - Bsp.: - Westeuropa (betreibt viel Export), Nordamerika und Lateinamerika sind die Zentren der Direktinvestitionen
    - USA/Nordamerika handeln mehr mit anderen Ländern
    - Asien viel nach USA und Europa (ungekehrt weniger)

2. Handelsströme (?)
- der Kapitalfluss ins Ausland/die Handelsströme nehmen tatsächlich stark zu
- sind die Handelsströme innerhalb einer Region höher als mit anderen Ländern, bedeutet das, das die Region Handel mit sich selbst betreibt
- die Organisation von Unernehmen
- laut Trinczek haben sich die Direktinvestitionen quantitativ enorm ausgebreitet ABER sie bewegen sich immer noch in den meist entwickelten Regionen
- der Kapitalfluss ins Ausland/die Handelsströme nehmen tatsächlich stark zu
- ABER ist das neu oder ist das nur eine quantitative Ausweitung der Globalisierung?

Glokalisierung (Globalisierung + Lokalisierung)

- Globale Player brauchen eine regionale jedoch keine nationale Bindung
- Vernetzung in Deutschland: Baden-Württemberg - Automobil, München - Siemens
- es bedarf bestehender regionaler Standortvorteile
- Für die Glokalisierung ist die Vernetzung (lokal) folgender drei Faktoren nötig:
- Headquaters (Global-Player-Kern)
- Forschungseinrichtungen (Forschung)
- Zuliefererbetriebe (Lieferant)

Die politische Bedeutung der Globalisierung

- Zunahme transnationaler Organisationen (neue Einwicklung zum Transnationalen)
- WTO und IMF sind transnationale Einrichtungen mit großem Einfluss auf Regierungen
- Hauptkritik: mangelnde Transparenz
⇒ WTO (World Trade Organisation)
  - Ziel: Niederreißen von Handelsbarrieren
  - WTO-Beschlüsse stehen über den nationalen Gesetzen
  - kann erheblichen Einfluss ausüben auf alle Länder ausüben
  - Sozialpolitische Bedingungen in den Ländern selbst bleiben unberücksichtigt
⇒ IMF (International Montary Fond; dt. internationaler Währungsfond – IWF)
  - Stimmrecht nach Einzahlungshöhe
  - Ziel: Sicherstellung der Währungsstabilität
  - Mittel: gezielte Kreditvergabe unter strengen Auflagen

1. Betriebe (Kotthoff: Management, Personal, Firma usw.)
2. Arbeit (Blick zurück und Blick nach vorn)
3. Wirtschaft und Gesellschaft (sozialwissenschaftlich betrachtet)

Unternehmenskultur
→ Betriebe aus Sicht des Topmanagements
→ Umbau von Unternehmen und Dimension der Identifikation
→ der informelle Gesellschaftsvertrag
→ Folgen der Umstrukturierung für Führungskräfte

Erwerbsarbeit
→ Relevanz der Erwerbsarbeit
→ Institutionen, Zwiespältigkeit, Frauenerwerbsarbeit
→ Arbeitsteilung (Beginn der ökonomischen und sozialen Theorie)
→ Wie kann man die Elemente in Unternehmen und in der Gesellschaft wieder zusammenführen (über Hierarchie und Märkte wird koordiniert)
→ Wann Markt/wann selbst herstellen?
→ Vom Low-Trust zum High-Trust-System = Institutionenökonomie
→ Regeln des Unternehmens bestimmen dar Arbeitsteilung wird
→ vom Notstands Dummheit schwarz
→ Verschiebung von Standards oder sieben Fertigung
→ Arbeitsorganisationsarbeitszeit geschichtliche Entwicklung
→ Voraussetzung für diese Entwicklung zur straffen Zeitorganisation
→ vernetzt
→ Aufbruch starrer Form: ist das Traumziel erreicht?
→ Bis kontinuierlich/flexible Spezialisierung/Kontrolle
→ rheinischer und angelsächsischen Modell

→ Pohlmann die
→ Märkte waren schon immer Regeln unterworfen
→ dann kam die Idee auf die Märkte beherrschen das gesellschaftliche Leben
→ fiktive Waren (Definition)
→ folgenden Produktionsfaktoren eine besondere Behandlung bekommen
→ Frage Polar nie
→ Märkte funktionieren nur mit Grenze
→ wir finden uns auf den Weg zur Dienstleistungsgesellschaft: wie unter teilbar sektoral funktional
→ Wahrung zweit Perspektive
→ dann Dienstleistungsentwicklung wie so vorerst je wegen unterschiedlicher Produktivität in kennt sie die tät in den einzelnen Sektoren
→ ISO sind wir werden dir in der Dienstleistungsgesellschaft sind glücklich
→ hatte er recht
→ wie kam er darauf neue
→ so irrte er sich
→ wo hatte er recht
→ dein dynamisches Modell usa Modell kulturelle Orientierung ISO Entwicklung von Dienstleistungsgesellschaft
→ hat was Arbeitsteilung von Ehrmantraut zu tun
→ Globalisierung
→ Transnationaleunternehmen/Finanzmärkte/Handels sture und so weiter
→ jeweils neu was ist nicht neue Folgen

Klausurrelevantes:

1. Diagnose und Prognose
   - Bertelsmannindex
   - Global 2010 - Deutsche Bank
2. Verteilung + Schattenwirtschaft
3. Demographie (inkl. Eckpapier)
4. Allmendinger-Biografien

Ökonomische Gewichtung

Bevölkerung ↔ Bruttoinlandsprodukt
Spielt die Bevölkerungszahl eine Rolle?
→ UNO: Anzahl der Repräsentanten gemäß der Bevölkerungsgröße eines Landes
Kriterien für den UNO-Beitritt
- *Militärische Gründe (→ vier Alliierte: USA, F, GB, Sowjetunion)*
- *Bevölkerungsgewicht (China ist deswegen ständiges Mitglied des Weltsicherheitsrates)*

Bsp.:
Rotchina (östlich) ← kalter Krieg→ Formosa/Taiwan (westlich)
        beide behaupteten die einzige Regierung zu sein
Heute: Rotchina ist in der UNO + Ost- und Westchina haben gute wirtschafl. Beziehungen!

Erweiterung des Sicherheitsrates:
- *Brasilien/Indien: wegen der hohen Bevölkerungsdichte*   Bevölkerungsgewicht
                                                                    ↕
- *Deutschlands: drittgrößter Beitragszahler (pünktlich)*   ökonomisches Gewicht

Produktivität
- *niedrige Produktivität * Bevölkerungsanzahl = hohes Bruttoinlandsprodukt*
- *hohes pro Kopf-Einkommen * kleine Bevölkerungsanzahl = gleiches/niedrigeres BIP*

WTO: World Trade Organisation
Die Welthandelsorganisation ist eine wichtige Institution bzgl. des Welthandels.

Bsp. China:
China ist ein großer Exporteur
- *durch die hohe Bevölkerungsanzahl werden Handelsüberschüsse produziert*
- *diese werden zwecks Verkauf exportiert*
- *China fährt dadurch hohe Gewinne ein*
- *die Gewinne werden in neue Maschinen (Investitionsgüter) für die Produktion neuer Handelsgüter angelegt (Absorptionskapazität)*
- *die Chinesen lassen sich durch Schuldverschreibungen/Dollaranleihen „bezahlen" (das dient der „Zwischenlagerung" des Geldes (Gewinns): würden Chinesen immer in Euro wechseln, wird der Eurokurs steigen und der Dollar sinken)*
- *Nachteil der Schuldverschreibungen/Dollaranleihen an China: für China sinkt der Wert der Anleihen mit jedem Tag (Effekt der Handelsströme)*
- *Geld wird zum Kauf von Unternehmen (zu Investitionen) genutzt*

Abbildung „Share of World Population"
- die Anzahl der Bevölkerung Asiens ist in den Jahren von 1 bis 1500 signifikant gefallen
- die anderen Länder haben bevölkerungsmäßig zugelegt (um Prozentpunkte)
- Verhältnis von Afrika zu Europa: wie hoch ist der Anteil an der Weltbevölkerung

Gründe für den schwankenden Anteil an der Weltbevölkerung
- explosionsartiger Bevölkerungsanstieg/-rückgang in den anderen Ländern z. B.: durch die Entwicklung der Antibabypille
- steigende/abnehmende Sterblichkeitsraten (siehe Lebenserwartungsgrafik)

Abbildung „Share of World GDP"
- dt.: Bruttonationalprodukt (früher: Bruttosozialprodukt)
- Anteil am Weltinlandsprodukt (wird für den internationalen Vergleich genutzt)
- lt. Grafik: eine durchschnittlich niedrige Lebenserwartung in den ersten 1000 Jahren (gemeinsames „Frühsterben")

Bsp.:
- 1973: Japan „passiert" → GDP der USA und Europas sinkt
- Grund: die ökonomischen Positionen und die Anzahl der Bevölkerung der Länder haben sich unterschiedlich entwickelt
- 1973 – 2001: Verdoppelung des Anteils der Weltinlandsproduktion seitens Asiens, denn es gilt: Preis * Menge (ein bisschen Produktion + viele Chinesen)

Die Renaissance (von ca. 1500 – 1700)
- Beginn der Dynamik, des Aufbruches, der Entwicklung
Ergebnis:
- Französische Revolution
- Kapitalismus
Beginn der industriellen Revolution ab 1800
- keine Hungertote mehr in **Europa**
Interpretation der Abbildung:
- mit 100 Jahren Verzögerung ist die hohe Lebenserwartung auch „beim Rest" angekommen
- die Steigerung der Lebenserwartung ist trotz der „Ausbeutung" Indiens im Rest der Welt angekommen: Ergebnis der Industriellen Revolution

Indices

Der relative Index
Verbessert sich ein Land 1 in einer Position (sinkt beispielsweise die Arbeitslosen-quote) aber ein anders Land 2 verbessert sich noch mehr, dann hat Land 1 insge-samt im Ranking Punkte verloren.

Der Erfolgs- und der Aktivitätsindex
- *Beide Indices beinhalten die für die wirtschaftliche Entwicklung/Lage relevanten Faktoren aus wirtschaftlicher Sicht.*

z. B.:
Ein niedriges Bruttoinlandsprodukt entsteht, wenn alle Kriterien gleich bleiben und es nur wenige Erwerbstätige* gibt:
*1. wegen einer älteren Bevölkerung ohne neue Nachkommen
2. wegen langer Studienzeiten (in Dtl. 28 – 29 Jahre; andere Länder 23 – 25 Jahre)

Das BIP...
... gibt Auskunft über die wirtschaftliche Leistung eines Jahres einer Volkswirtschaft und ist Indiz für den wirtschaftlichen Wohlstand eines Landes.

Das Potentialwachstum...
... ist das nach der Produktionskapazität mögliche Wachstum auf Grund der vorhan-denen Kapitalausstattung (es wird nur das Produktionspotential betrachtet nicht je-doch der Absatz). Für die Arbeitsproduktivität gilt: viele Erwerbstätige → hohe Ar-beitsproduktivität.

Wovon hängt es ab, wie hoch das Potentialwachstum ist?
- *von den Investitionen (Anlageinvestitionen)*
  Man rechnet mit dem Anlagevermögen: je nachdem wie viel und wie alt/ das An-lagevermögen ist, entscheidet es über die Produktivitätssteigerungstendenz
- *mehrjährige Investitionsschwäche*
  Resultiert in die Vergreisung des Anlagevermögens und ein niedriges Wachs-tumspotential.

Artikel „Internationales Standort-Ranking 2004"
- *die relativen Reichtumspositionen verschieben sich ständig*
- *Wachstum entsteht durch*
  1.) Wachstum pro Kopf (Investitionen)
  2.) Wachstum der Bevölkerung

Erläuterungen zum Aktivitätsindex
- *Partizipationsrate: Zahl der Erwerbstätigen + Zahl der Arbeitssuchenden (Ziel: Versuch die Konjunktur nicht mit einzubeziehen)*
- *Grenzabgabenlast: desto mehr Geld, desto mehr Abgaben (Marginalanalyse) Singles mit niedrigen Einkommen müssen weniger abgeben (Schwellenwerte)*
- *Potentialwachstum: Erfolgsfaktor (beeinflusst durch die Anlageinvestitionen)*
- *Eine Verbesserung des Produktionswachstums kann durch die Erhöhung des Anteils am Bruttoanlagevermögen (aktuell verwendetes BAV) erzielt werden (→ Erhöhung der Investitionsquote).*

Deutschland hat hier im Ranking 2004 die schlechteste Ziffer: die Investitionsquote ist auf einem vergleichsweise schlechten Stand!

Die Lorenzkurve ist ...
- *eine Verteilungsdiskussion*
- *ein grafisches Maß, bei dem das Verhältnis von zwei beliebigen Größen auf Pro-zentskalen gebracht wird*

Bsp.:
- *alle Punkte auf der Diagonalen entsprechen einer Gleichverteilung (50%)*
- *aber wenn 50% der Haushalte nur 25 % des Volkseinkommens inne haben ent-steht eine Ungleichverteilung (Lorenzkurve)*

Die Hälfte mit niedrigem Einkommen hat nur 25 % am Gesamteinkommen inne:
→ *Ein kleiner Anteil am großen Kuchen ist gut.*
→ *Ein großer Anteil am kleinen Kuchen ist schlecht.*
→ *Man muss beachten, wie groß der Kuchen ist, der verteilt wird.*

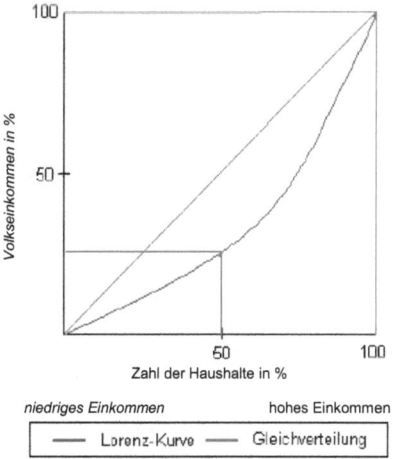

These: „Ein Maß an Ungleichverteilung ist existentiell."

Verteilungsfragen - gibt es die Kuchenfrage wirklich?

monetäre Verteilung: *(lat.: monetär: geldlich, die Finanzen betreffend)*
- *Verteilung des produzierten Volkseinkommens (Geld)*

reale Verteilung: *(tatsächliche Verteilung)*
- *z. B. Zugang zu Bildung*

Primäre/funktionale Verteilung des Volkseinkommens:
Die Theorie der Einkommensverteilung resultiert aus der Preisbildung am Markt (Marktpreisbildung mit Einkommenswirkung): verkauft sich etwas mehr, wirkt sich das sofort aufs Einkommen aus

Ist diese Marktpreisbildung gerecht?
Das kann man nicht sagen, da der Markt nicht „moralisch" ist. Der Marktmechanismus hat von Haus aus nichts mit Gerechtigkeitsfragen zu tun und daher gibt es eine primäre Verteilung (Verteilung des Volkseinkommens – funktionale Verteilung: Löhne ODER Gewinne) und eine sekundäre Verteilung.

Marktwirtschaftliche Prozesse

1. Arbeitnehmer/Nichtunternehmer – Lohneinkommen (Löhne und Gehälter)
- *haben ein vorher festgelegtes, regelmäßiges, kontraktbestimmtes Einkommen (sie arbeiten erst, wenn fest steht, was sie bekommen)*
- *streben fest vereinbarte Einkommen an (kein Risiko bei schlechtem Verkauf)*
- → *niedriges aber risikofreies Einkommen*

2. Unternehmer
- *zahlt sozusagen einen Vorschuss (Löhne und Gehälter), da die produzierten Güter noch nicht verkauft sind (unter Berücksichtigung von Risikofaktoren)*
- *Residualeinkommen (lat. residum: Rest): das „Rest"-Einkommen des Unternehmers ergibt sich aus den erzielten Erlösen abzüglich der vorher festzugesagten Löhne/Gehälter und den sonstigen Aufwendungen*
- → *der Gewinn/Rest ist ungewiss und schwankend*
- *Unternehmen streben Gewinn an und akzeptieren Risiken in der Hoffnung auf eine Belohnung durch Markprozesse*
- *Residualeinkommen (Selbstständige) versus Kontrakteinkommen (AN)*

Die funktionale Verteilung als Ergebnis des Marktprozesses
- *Löhne entsprechen 2/3 und Gewinne 1/3 des gesamten Volkseinkommens*
- *Einbringung von Arbeitsleistung unter großer Sicherheit*
- *Einkommen sind Marktabhängig (durch Verträge festgelegtes Einkommen)*
- → *Kuchenfrage (beschäftigt sich mit der Verteilung des Volkseinkommens)*

Unterschied zwischen dem Volkseinkommen und dem Bruttoinlandprodukt:
- *das Volkseinkommen ist ein Ausdruck der erbrachten wirtschaftlichen Leistungen in einer Periode (die gesamte Leistung in einer Periode), das Volkseinkommen wird dann, unter Abzug diverser weiterer Faktoren, verteilt*

- *beim BIP werden noch die indirekten Steuern (erhöhen die Marktpreise – 16%) abgezogen und das Brutto wird dazuaddiert (Netto wird herausgenommen)*
- *BIP und Nettoinlandprodukt unterscheiden sich durch die Art der Abschreibung*

Abschreibungen
- *werden getätigt um Steuern zu sparen, bleiben jedoch auf dem Konto des Unternehmers*
- *desto mehr Abschreibungen getätigt werden, desto weniger Volkseinkommen und Gewinne gibt es (Cash flow – funktionale Verteilung)*
- *durch Abschreibungen erfolgt eine Wertminderung des vorhandenen Produktionspotentials*

Die Kuchenfrage (primäre Verteilung)
Hat sich an der Verteilung (lt. Kuchenbild) in den letzten 10 Jahren etwas geändert?
→ *Nein (gleiches Verhältnis von Kapitaleinkommen und Arbeitsentgelt)*
→ *geändert haben sich die direkten Steuern und die Sozialabgaben*
→ *das Nettoeinkommen sinkt (nach Abzug der Lohnsteuer + Sozialabgaben)*

Die Einkommensdistribution (Einkommensverteilung)
- *steht im Zusammenhang mit der Ressourcenallokation (Ressourcenverteilung)*
- *die über den Markt entstehende Einkommensverteilung ist ungerecht*
- *daher erfolgt eine Korrektur der Einkommensverteilung durch die sogenannte*
  „Personelle Einkommensverteilung"
  Ziel: *die Einkommensverteilung mit moralischen Aspekten in Einklang bringen (Gerechtigkeit der Einkommensverteilung)*
  Mittel: *Redistribution (Umverteilung): ist notwendig für das Funktionieren einer Marktwirtschaft*
  ABER *eine Marktwirtschaft braucht auch Einkommensdifferenzen*

Es wird ein **progressives Steuersystem** *benötigt*
- *desto mehr Verdienst/Geld, desto mehr Steuern*

Lorenzkurve
- *man sieht, dass die Wirklichkeit von der Gleichverteilung abweicht*
  → *die einkommensmäßig schlechter gestellte Hälfte der Haushalte bekommt nur 25 % des Volkseinkommens*
  → *die einkommensmäßig besser gestellte Hälfte der Haushalte bekommt 75 % des Volkseinkommens (50 % der Haushalte mit dem höheren Einkommen bekommen 75 % des gesamten Volkseinkommens)*

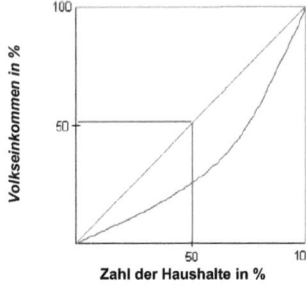

- *Untere 50% bekommen 25%*
- *obere 50% bekommen 75%*
die Volkseinkommens (Nettoeinkommen der privaten Haushalte) 11

Die Lorenzkurve - behandelt die personelle Verteilung
- a wird immer auf b verteilt
- führt für beliebige Zusammenhänge genutzt (nicht nur Einkommensverteilung)
- bei Gleichverteilung ist die Konzentration gleich null
- 100% der Haushalte bekommen 100% des gesamten Volkseinkommens
- bei Abweichungen/Differenz ist die Konzentration der Einkommen unterschiedlich
- beim Hochkapitalismus ist die Kurve weit weg von der Gleichverteilung

Beispiele
- 80-iger Jahre in England: Umbau der Steuer- und Sozialsysteme
- 90-iger Jahre in Skandinavien: starke Kontrolle von Arbeitslosen
- Weg vom Wohlfahrtsstaat und weg von der Gleichverteilung

Siehe auch Grafik "Quellen des Lebensunterhalts"
⇒ Vorwiegende Einkommensquelle für den Lebensunterhalts sind Angehörige
⇒ Annahme: hohe Arbeitslosigkeit + niedrigere Erwerbstätigkeit

Intrinsische und extrinsische Leistungsmotivation
intrinsische Leistungsmotivation
- Motivation kommt von innen
- Arbeit macht Spaß
- was ich mache ist wichtig und geltend zweitrangig

extrinsische Leistungsmotivation
- materielle Anreize: Prämien und andere finanzielle Anreize
- Stunde um über materielle Einkommen
- aber auch Bestrafung (rote Ampeln)
- Einkommensgrenzen

Primäre = funktionale Verteilung über den Markt
- Belohnung der Leistungen gibt es nicht: nur die Nachfrage zählt
- wenn man Glück hat kommt man bei der Verteilung über den Markt gut weg
- Verteilung stellt sich über den Markt her aber diese Machtverteilung produzierten (leistungsunabhängig) Ungleichheiten die korrigiert werden müssen
- Gerichte Einkommensverteilung nach geltenden Gerechtigkeitsvorstellungen
- Korrektur durch Umverteilung/Redistribution in der sektoralen EV
- Sonst oder schwarz andere liegt und Korruption begünstigt

Intersektorale Verteilung
- ich geh nächste Verteilungsdimension
- kommt praktisch nicht vor (wird nicht genutzt/gehört sich nicht)

Personelle Verteilung
- Verteilung der Einkommen auf verschiedene Branchen
- große Branchenunterschiede bei der personellen Einkommensverteilung
- Einkommensunterschiede werden nicht thematisiert (Zeitung)
- Konzept um Einkommen niedrig zu halten: keine Thematisierung von Einkommensunterschiede und zwischen den Branchen in der Öffentlichkeit
- Der Staat will einen Niedriglohnbereich (Arbeitslose sollen zurück auf den Arbeitsmarkt) ↔ dieser ist jedoch schon vorhanden (Gewerkschaften)
- Durchschnittseinkommen im oberen Bereich ist wegen der Steuern gering
- einige Branchen liegen über dem Durchschnitt (Energiewirtschaft, Baugewerbe, öffentlicher Dienst, chemische Industrie)
- Personelle Einkommensverteilung ist nach der Umverteilung sehr unterschiedlich

Gründe für die intersektorale Verteilung
1. große Einkommensunterschiede zwischen den Sektoren
   - um so größer desto geringer der Wettbewerb in der Branchen ist
     z. B. BVG, Bewag etc.
2. Organisationsgrad von Arbeitnehmern
   - der gewerkschaftliche Organisationsgrad von Arbeitnehmern hat einen positiven Einfluss auf das Einkommen

Bildung als Eintrittvoraussetzung in den Arbeitsmarkt
- formale Bildungsabschlüsse sind in Deutschland wichtiger als in den USA
- in den USA herrscht diesbezüglich eine größere Offenheit
- in Japan sind die Eintrittvoraussetzungen noch höher
- Bezahlung nach Alter spielt in Deutschland + Japan eine große Rolle (nach Tarif)

Entlastung von Älteren
- Ältere durch hohe Bezahlung zuerst zu entlasten, obwohl sie wirtschaftlich gar nicht mehr so viel Geld brauchen, ist unökonomisch
- man braucht mit 60 nicht mehr so viel Stress/Geld (Kinder sind weg)
- das System passt sich nicht den Lebenslagen angepasst

Entspannung der intergenerativen Verteilung/des Generationenvertrags
- Generationen werden durch sinkende Geburtenraten eingespart

Geschlechtsspezifische Einkommensverteilung
- Verteilung des Einkommens auf Frauen ist durchschnittlich 30% niedriger
⇒ der formale Bildungsabschluss hat Auswirkungen auf die Einkommensverteilung
⇒ die Einkommensverteilung ist von der Zeit und Kultur abhängig
⇒ Teile der Verteilungsauseinandersetzung hängen mit Korruption und Schattenwirtschaft zusammen

Schattenwirtschaft (SW)

Inwieweit ist die Schattenwirtschaft eine Verteilungsfrage?
Schattenwirtschaft ist der Versuch die sekundäre Einkommensverteilung zu (eigenen Gunsten zu) ändern (daher hat Schattenwirtschaft mit der Einkommensverteilung zu tun).

1. Primäre Vert. = Marktverteilung
- *Verteilung erfolgt in Form von Löhnen und Gewinnen*
- *Korrektur erfolgt durch Umverteilung = korrigierte Marktverteilung*

2. Sekundäre Verteilung
- *Die an der SW Beteiligten wollen die Einkommensverteilung zu ihren Gunsten beeinflussen*
- *SW ist daher ein besonderer Korrekturmechanismus*

Gemeinsamkeiten von Korruption und Schattenwirtschaft:
- *Beides ist illegal*
- *Bei beiden sollte man nur wenig Leute beteiligen (um nicht erpressbar zu werden)*

Schattenwirtschaft (SW):
- *Geld für Arbeit*
- *Ziel: ein besserer Preis für die eigene Leistung erzielen*
- *Messung der SW erfolgt über den Bargeldansatz: Ableitung der Leistungen durch umlaufendes Bargeld (Annäherungs-/Schätzmethode = sinnvoller Ansatz)*

Korruption:
- *Leistungsloses Einkommen*
- *Versuch ein Einkommen(Geld) ohne Leistung zu erzielen*
- *Belastung ist unklar (Wer?)*
- *Überwachung von Korruption erfolgt durch die Fa. Transparency International*

OECD (alle entwickelten Industrieländer)
- *Bei hoher Umverteilung: hohe Steuern und Soziale Abgaben*
  → hohe Differenz zwischen Brutto- und Nettoeinkommen
  → hoher Anteil an Schwarzarbeit
- *Italien: Finanzpolizei überwacht die Bürger ABER die hohe indirekten Steuern in Italien resultieren in einem hohen Interesse diese zu sparen → Schwarzarbeit*
- *USA geringer Anteil an Schwarzarbeit:*
  → Brutto-/Nettodifferenz ist gering
  → extreme Steuerhärte bei Schwarzarbeit (Schwarzarbeit ist nicht attraktiv)
- *In vielen anderen Ländern ist die Steuerhärte nicht so stark*
- *In diversen Ländern existiert sogar ein/e Steuerverweigerung/Steuerwiderstand*

Bewertung von Schwarzarbeit

- Bei Schwarzarbeit geht es um produziertes Einkommen
- Dadurch sind wir insgesamt reicher (BIP – Schwarzgeld wird auch ausgegeben)
- Schwarzarbeit ist eine private Umverteilungsaktion bei der produziert wird
- Es kommt zu Produktion die sonst (vielleicht) nicht zustande gekommen wäre
- Schwarzarbeit hat über einen Fesselcharakter: nur einfach gestrickte Geschäfts-modelle lassen sich damit ausführen → einengender Charakter für wirtschaftliche Entwicklung (keine Innovation oder fortschreitende Prozesse)
- Keine SA würde zu mehr Steuern + Sozialabgaben führen (weniger Produktion)
- Würde die Produktion unterlassen, sänken auch die Abgaben es sei denn die SA könnte in die Produktion integriert werden
- Politik bekämpft die SA durch Sanktionen
- Lohnabstandsgebot: Abstand zwischen Arbeitenden und Transferemprängern muss da sein, da bei zu geringem Lohnabstand mehr Schwarzarbeit entsteht
- Stundenlohn nach ‚Tätigkeiten und Stätte (Siehe Grafik): Maler, Mechaniker etc.

Folien zum Thema Demografie

Die globale Bevölkerungsentwicklung (Folie)

Entwicklung in Deutschland

- 2010 wird es weniger Kinder und mehr Alte geben
  + die Sandwichgeneration wird mehr belastet
- 2030 wird es wird noch schwieriger (Anteil der Älteren wird noch höher)

Entwicklung in anderen Ländern

- USA ist vergreist nicht so stark wie Deutschland (Anteil Alter ist niedriger)
  → Ausgleich der Vergreisung durch die hohe Geburtenrate (Latinos)
- 2010 wirkt sich in Chinas die „Einkinderpolitik" aus (keine Kinder, viel Alte)
  → China wird Europa ähnlicher als die USA
- Deutschland, Japan, China: hohe Änderungen der Altenquotienten
- in Japan/Italien ist der Altenanteil hoch (Italien ist Spitzenreiter beim Altenanteil)
- USA/Indien: geringe Veränderung der Altenquotienten

% bedeutet relativ (Prozentstruktur sagt nichts über die absolute Entwicklung aus)

Altersaufbau der Bevölkerung 1950 – 2050 (Folie)

- Hauptbotschaft: in Deutschland wird es zukünftig mehr Alte und weniger Junge geben
- die Sandwichgeneration nimmt zu Gunsten der Älteren ab (20 – 60 Jährige, arbeitende Bevölkerung, die Jungen und Alten ernähren muss)
- Sandwichgeneration: 2001 = 55 % <-> 2010 = 55,7 %
- bis 2010 sinkt die Anzahl der Kinder auf 18,7 %

→ Prozentzahlen sind immer absolute grüßen

Die Große Kinderserie der Berliner Zeitung

Kommentare vom Bevölkerungsforscher Ulrich

- selbst bei einer klugen Familienpolitik (Steuerentlastungen +Betreuungsmöglichkeiten) läge die gewünschte Kinderzahl nicht viel höher als die tatsächliche
- selbst unter idealen Bedingungen läge die gewünschte Kinderzahl nur bei ca. 1,7 Kindern pro Frau (weit unter dem Reproduktionsniveau von 2,1)
- Kinderwunsch hat sich gesellschaftlichen Bedingungen in Deutschland angepasst
- familienpolitische Maßnahmen würden daran erst langfristig etwas ändern
- Vereinbarkeit von Beruf und Familie kann muss aber nicht mehr Kindern führen
    - Italien: geringe Frauenerwerbsquote aber dennoch wenige Kinder
    - USA: kaum Familienpolitik aber dennoch hohe Geburtenraten (in den USA hat die Familie heute einen höheren Wert als in Europa)
- der geringe Kinderwunsch ist Ausdruck gewandelter Werte
- Partnerschaft ist heute nicht mehr nur auf Kinder ausgerichtet (kürzer als früher)
- moderne Arbeitswelt fordert Flexibilität und Mobilität
- Unverbindlichkeit von Beziehungen: weiter Weg zur Familiengründung
- in Großstädten war/ist die Geburtenrate immer niedriger als im Durchschnitt
- in Großstädten leben viele Singles (Freizeitangebot und sozialen Netzwerke haben sich dem angepasst und ersetzen teilweise Familienbindungen)
- Deutschland ist kein Sonderfall bezüglich der geringen Fertilität
- 2040 werden nur wenige Staaten das Reproduktionsniveau von 2,1 halten (UNO)

Vergesellschaftung des Altersrisikos (seit der Industrialisierung – Bismarck)

- Grund: traditionelle Versorgung der Kinder und Alten durch die erwerbstätige Generation wurde auf Institutionen verlagert (Finanzierung über Sozialversicherung)
- Soziale Stabilität für Wirtschaftswachstum (AG- und AN-Anteile)
- früher waren Kinder die Altersvorsorge – heute werden sie es auch wieder

Beitrag: „Das demografische Zeitfenster schließt sich"

Internationaler Blickwinkel: Übergang von hohen zu niedrigen Geburtenraten
- *weniger Kinder und noch nicht mehr Alte*
- *Anteil der Sandwichgeneration ist hoch – viele versorgen wenige*
- *dieses Zeitfenster ist die Chance für ein Land, weil die Last niedriger ist*
- *es müssen weniger Alte und Junge ernährt werden*

Wachstum muss beginnen bevor sich das Zeitfenster wieder schließt
- *die Jungen werden Älter (werden zur Sandwichgeneration) aber es gibt keine Geburten*
- *Anteil der Produktiven an Gesamtbevölkerung schiebt sich zusammen (hoher Anteil an Erwerbspersonen)*

Aktuell:
- *die Mehrzahl der Entwicklungsländer ist in dem demografischen Zeitfenster*
- *jetzt müssen diese Länder wachsen, da sonst die Summe der zu Versorgenden wieder zunimmt und Wachstum dann schwieriger wird*
- *in Deutschland bspw. wird der Gesamtlastquotient 2010 niedriger sein als 2001 (aber Alte sind teurer als Kinder)*

Das demografische Zeitfenster *ist die Zeitzone, in der der Anteil der Erwerbstätigen hoch ist und er Anteil der Jungen und Alten in der Summe niedrig. Der Gesamtlastquotient ist in dieser Zeit niedrig. (Verhältnis von Erwerbspersonen zu den zu Versorgenden)*

Ergebnisse der mittleren Variante
Diese geht von einem Rückgang der Geburtenrate auf das Reproduktionsniveau aus!
- *Industrieländer werden zunehmend mit Alterung und Schrumpfung konfrontiert*
- *das demographische Fenster schließlich für Industrieländer*
- *die Entwicklungsländer werden weiterhin mit exzessivem Bevölkerungswachstum konfrontiert (und deren dazugehörigen Probleme)*
- *das demographische Fenster öffnet sich für Entwicklungsländer (bis 205 Fällen 0)*
- *die Entwicklungsländer tragen damit zum gesamten Bevölkerungswachstum bei*
- *das Median-Alter der Welt wird steigen (teilt die Bevölkerung in zwei gleiche Teile 50% sind älter 50% jünger als Median-Alter)*
- *steigende Lebenserwartung/sinkende Geburtenraten haben merkliche Auswirkungen auf die Altersstruktur der Bevölkerung*
- *die Bevölkerungspyramiden der Entwicklungsländer werden sich denen der Industrieländer annähern*
- *der Altenquotient wird in den Industrie- und Entwicklungsländern enorm ansteigen (Altenquotient: Zahl der über 65-jährigen/100 Erwerbsfähiger von 15 – 64 Jahren)*
- *die demographische Entwicklung (hier die Altersversorgungssysteme) hat auf die Entwicklungsländer geringere Folgen*
- *dort gibt es keine oder nur rudimentär umlagenfinanzierte Altersvorsorgesysteme*
- *aber auch dort müssen immer weniger Junge mehr Alte versorgen*
- *der Rückgang der Fertilität kann zu einem beschleunigten Wirtschaftswachstum/zu einem höheren Wirtschaftswachstum (weniger zu Versorgende)*
- *sobald die durch den Rückgang der Geburtenrate verursachte Alterung der Bevölkerung einsetzt, schließt sich das demographische Fenster wieder*
- *in Industrieländern steigt der Gesamtlastquotient von 48 auf 72*
- *in den Entwicklungsländern sinkt der Gesamtlastquotient von 82 auf 55, was als Chance für die wirtschaftliche Entwicklung interpretiert werden kann*

Wichtigste Maßnahme innerhalb des demographischen Zeitfensters
- *Chancen für ein kräftiges Wirtschaftswachstum nutzen*
- *gezielte Investitionen in Gesundheit und Bildungssysteme*

Birg - Bevölkerungsschrumpfung und Alterung in Deutschland

Demografische Prognosen sind ziemlich zuverlässig (als Anker gut geeignet) - Beispiele

1. Kinder - Geburtenbilanz (1. für Ökonomie wichtiges Argument)
- *zur Zeit: negative Geburtenbilanz* (*Zahl Geburten = Zahl der Sterbefälle)*
- *zu niedriges Reproduktionsniveau für eine ausgeglichene Geburtenbilanz*
- *das optimale Reproduktionsniveau liegt bei 2,1*
- *1970 lag die Geburtenrate bei 2 und jetzt liegt sie bei 1,4 Kindern pro Frau*
- *bei der damaligen hoher Geburtenrate waren Kinder normal – heute sind viele Kinder eher außergewöhnlich (anderer Alterserfahrungshorizont)*
- *früher war der Anteil gebärfähiger Frauen größer*
- *Folge der abgesunkenen Kinderzahl von 1970 bis 2005 (Kernaussage)*
- *Zahl der potentiellen Mütter (Eltern) ist niedriger*
- *desto niedriger diese Zahl ist, desto länger dauert die Zeit bis zum Ausgleich*
- *selbst wenn wir jetzt sofort viele Kinder bekommen, öffnet sich das demografische Zeitfenster nicht wieder sofort (erst unsere Enkel hätten wieder was davon (Geld), aber so lange müssen wir noch mehr ernähren)*
- *es würde noch 2080 bis zum Ausgleich der Geburtenbilanz dauern*
- *der Gesamtlastkoeffizient steigt also in diesem Fall*

2. Einwanderung
- *nur bei Attraktivität (Besser als zuhause?)*
- *Nicht alle qualifizierten wollen nach Deutschland*
- *in Deutschland entwickelt sich das Erwerbspersonenpotential nicht sehr stark (selbst wenn mehr Kinder geboren werden und die Einwanderungen steigen)*
- *auch eine unrealistische Umdrehungen der Geburtenrate ändert nichts daran, dass das Erwerbspersonenpotential sinken wird*
- *Grundsätzlicher Befund*
- *hohe Einwanderungen mildern das Problem lassen es aber nicht verschwinden*
- *selbst wenn die Zahl der Einwanderungen und der Geburten dramatisch steigt, würde es bis 2060 bis zur Geburtenbilanz dauern*

3. Altenquotient (Anteil der 65-jährigen/100 Menschen der Altersgruppe 20 - 60)
- *würde man das „Modell der Geburtenhäufigkeit" durchsetzen, wäre der Altenquotient 2035 dennoch schlecht (die absolute Zahl dann immer noch schmal)*
- *es kommt zu einer Zuspitzung der Proportion von Alten und Erwerbstätigen*
- *frühere Rente am schnellsten umsetzbar*

4. Finanzierung
- *würde die Versorgungs- und Finanzierungsweise der sozialen Versicherung gleich bleiben, würden die Zahlungen in die Kassen um 100% steigen*
- *höhere Zahlungslast für Erwerbstätige*
- ***Kapitaldeckungsverfahren - private Lebens- und Rentenversicherung***
- *Beitragskalkulation nach Risiko (gemäß Sterbetafel, Krankheitsrisiko usw.)*
- *Prämien/Beiträge werden investiert und es gibt eine Rendite*
- *Sparplan meist mit Risikoausgleich (viele Einzahler machen das Risiko kalkulierbar, manche leben länger manche kürzer)*
- *das wird das ausgezahlt was eingezahlt wurde + Zinsen*
- *aber der Risikoausgleich verzerrt eigenes Geld*
- *Risiko beim Kapitaldeckungsverfahren(PV): Langlebigkeit*
- *was der Rentner bekommt hängt*
1. *von der Beitragsleistung und der Beitragsdauer ab*
2. *es hängt von dem Eintrittsalter ab*
3. *es hängt von dem Erfolg der Geldanlage ab*

Umlageverfahren
- *Ausgaben werden kongruent zu den Beitragszahlungen der Mitgliedern gemacht (Umlage der Einzahlungen) verhehlen es werden keine Rücklagen gebildet*
- *Beitrags unabhängig*
- *das Renteneinkommen ist nicht vom Risiko Gendarm vom Einkommen abhängig*
- *Leistungen nach Punkten*
- → *Heute: Übergang von Umlage- zur Kapitaldeckung*
- → *der Übergang führt nicht zwangsläufig zur Verbesserung der Situation*
- → *für die Gesamtwirtschaft gibt es nur das Umlageverfahren: es wird immer nur das in einem Jahr produzierte BIP verteilt*
- → *durch das Kapitaldeckungsverfahren wird zwangsweise die Sparquote erhöht*
- → *funktioniert nur, wenn das Wachstum nicht stagniert (es ist ein höheres Sozialprodukt zur Verteilung da, aber es muss auf Nachfrage da sein)*

5. **Abnahme der Lebenserwartung**
- *dadurch sinkt auf der Altenquotient*
- *wie kann man die Zeile durch wachsende Lebenserwartung wieder in der*
- *durch medizinische Einschnitte (Versorgung beim Zahnarzt)*
- *erneute Einführung alter Kulturmuster: früher wurden Menschen zum Sterben zurückgelassen (Standard) wenn es eng wurde (Grundbedürfnisse)*
- *für den Anstieg der Geburtenrate wäre eine kulturelle Revolution nötig*
- → *aber die Lebenserwartung kann dennoch schnell kippen*
- → *Epidemien machen sich schnell bemerkbar*
- → *EU Geburtenrate/Uhr Einwanderung sind nicht sofort effektiv*
- → *Lebenserwartung ist prinzipiell schnell wandelbar und instabil*

6. **Die Entwicklung geht über 2050 hinaus**
- *die Bevölkerungszahl sinkt (unter das Reproduktionsniveau)*
- *die Zahl der Erwerbstätigen sinkt*
- *die Zahl der alten sinkt*
- *Prozesse der Schrumpfung und Alterung setzen sich nach 2050 fort*
- *der „Bremsweg" umfasst Jahrzehnte, da es sich um langfristige Entwicklung großer Trägheit handelt fünf*
- *daher bieten Vorausberechnungen Planungssicherheit*

Für die Zukunft
- *man muss Regulierungsmechanismen nutzen (die Änderung des Durchschnitt-Rentenzugangsalter ist effektiver als sofortiges Hochsetzen der Geburtenrate)*
- *man muss umdenken (es darf nicht immer nur alte Chefs geben, Alte bleiben zwar beruflich aktiv aber nicht immer oben in der Hierarchie etc.)*

Der einzige stabile Faktor beim demographischen Wandel
- *die Proportionen der Geschlechter*
- *die Proportionen bei Geburten sind gleichmäßig*
- *würden sich die Geschlechterproportionen ändern, wäre die Bevölkerungsstruktur komplett anders*
- *für Frauen sind Kriege schlecht (keine Männer)*
- *für Männer ist beispielsweise die Ein-Kinder-Politik schlecht (keiner Frauen)*

Bosbach – Die Demografische Entwicklung ist kein Anlass zur Dramatik

Annahmen der 10. koordinierten Bevölkerungvorausberechnung bis 2050
- *Konstanz der gebotenen Häufigkeit von 1,4 Kindern pro Frau*
- *Zunahme der Lebenserwartung um sechs Jahre*
- *Saldo von Zu- und Abwanderungen: Wanderungsüberschuss von 200.000 Pers. p.a.*
Ergebnis: Alterung wird bereits in den Listen beiden Jahrzehnten eine „Herausforderung"

Vier Betrachtungen zeigen, dass die Folgen einer Alterung der Gesellschaft nicht zum Wohlstandverlust führen muss (wie in der Modellrechnung vorhergesagt)
- *auf 100 Menschen mittleren Alters kommen 2001 - 44 und 2050 - 78 Ältere*
-

1. **50 Jahres-Prognosen übersehen zwangsläufig vielfältige Strukturbrüche**
   - *die Entwicklung der Antibabypille*
   - *Anwerbung von ausländischen Arbeitskräften*
   - *Trend zur Kleinfamilie beziehungsweise zum Single-Dasein*
   - *Öffnung der Grenze (Zuzug von Aussiedlern)*
   - *im Extremfall wären zwei Weltkriege übersehen worden*
   - → *Wenn 50 Jahres-Prognosen in der Vergangenheit unmöglich waren, warum sollen sie dann heute wie Naturgesetze gelten?*

2. **Die Modellannahmen sind durch Politik beeinflussbar**
   2.1 die Kinderzahl
   - *durch familien- und kinderfreundliche Politik*
   - *durch mehr Berufschancen für Mütter*
   2.2 Wanderungsüberschuss
   - *Frage der Ausländer-, Europa- und Integrationspolitik*
   - *Frage der Attraktivität Deutschlands für Zuwanderungen*
   - *Auch der Anstieg der Lebenserwartung um sechs Jahre ist nicht sicher*
   - *Fettleibigkeit, Alkohol, Nikotin, Drogen*

3. **Bevölkerungsvorausberechnungen werden alle paar Jahre wiederholt**
   - *große Unsicherheit bei den Modellen anderen*
   - *veränderte Grundlagen für diese Modelle*
   - *Fakten zeigen, dass die Entwicklungen im höchsten Grade unsicher sind*
   - → *Würde doch alles so eintreten, hätte das aber trotzdem nicht die dramatischen Auswirkungen, wie sie allerseits angekündigt werden*

4. **Bei Finanzierungsberechnungen müssen Ältere + Junge betrachtet werden**
   - *auch Kinder erfordern gesellschaftliche Ausgaben*
   - *die Summe der Kinder und der Alten (Gesamtquote stehen) ist aussagekräftig*
   - *100 Menschen mittleren Alters kommen 2001 insgesamt 82 und 2050 insg.112*
   - *durch Einbeziehung der jungen Generation halbiert sich die Dramatik*

5. **Erhöhung des Renteneintrittsalters**
   - *durch längere Lebenserwartung und Arbeitskräftedefizit*
   - *Erwerbstätige sind durch die längere Lebenserwartung der Rentner und deren Versorgung überfordert, daraus resultiert ein Arbeitskräftemangel*
   - *das Modell geht jedoch trotzdem vom selben Renteneintrittsalter aus wie heute*
   - *wenn das Renteneintrittsalter ansteigt ist jegliche Dramatik der demographischen Entwicklung verloren gegangen*

6. Produktivitätsfortschritt lässt und für weitere Lasten schultern
- die Leistungsfähigkeit des heutigen Beschäftigten wird auch für 2050 vorausgesetzt
- der technische Fortschritt + die höhere Arbeitsproduktivität wird so ausgeblendet (obwohl Arbeitnehmer durch neue Technologien immer mehr herstellen können) Ausmaß der Produktivitätsentwicklung
- aufgrund der Leistungssteigerung ist jeder Beschäftigte in der Lage etwas mehr für die Rentner abzugeben ohne selber verzichten zu müssen
- zusätzliche Leistungen können erwirtschaftet werden, wenn denn über den Abbau der Arbeitslosigkeit das Potenzial der erwerbstätigen genutzt würde
- laut Überschlagsrechnung: höhere Abgaben sind bezahlbar wenn die Produktivitätssteigerung auch anteilig an Arbeitnehmer ausbezahlt wird
- dabei ist die Anhebung des Rentenalters und der Abbau der Arbeitslosigkeit noch nicht berücksichtigt

7. Mit 2050 wurde das dramatischste Jahr gewählt („worst case")
- bei Prognosen bis 2060 wären die Rentner bereits überwiegend verstorben
- das Verhältnis würde sich wieder zu Gunsten der Erwerbtätigen ändern
- mit der demographischen Zeitbombe wird argumentiert, wenn in das Gesundheit- oder Rentensystem eingegriffen wird
- die "demographische Zeitbombe" soll von anderen Problemen ablenken
- Abkopplung der Löhne/Gehälter der Arbeitnehmer vom Produktivitätsfortschritt

Auf der Suche nach der gewonnenen Zeit

Ein Artikel über die Unvereinbarkeit von Familie und Beruf mit Handlungsansätzen.
⇒ Forderung: Man muss die gewonnene Zeit suchen, finden und nutzen!!!

Annahmen: Erwerbs- und Familienverläufe sind vereinbar (Familie + Beruf)
- *die Vereinbarkeit muss nicht zulasten des Berufsverlaufs gehen*
- *Männer und Frauen können Karriere machen*
- *Beruf und Familie sind familienkompatibel (Kinder müssen nicht darunter leiden)*
- *Beruf und Familie sind partnerkompatibel (Partner müssen nicht darunter leiden)*
- → *aber alle Menschen sind anders (nicht jeder will Kinder, Partnerschaft, Karriere)*

Ist-Zustand
- *Viertakter beim Mann: Schule, Ausbildung, Arbeit, Ruhestand (Frau: Zweitakter)*
- *Diversität von Familien- und Berufsverläufen*
- *Doppelbelastung der Frau (nicht so leicht abzuschaffen)*
- *zurzeit sind Standardabweichung nicht gern gesehen (keine Kinder ab 15!?)*
- *man orientiert sich immer noch am Standardviertakter*
- *dass es andere Lebensläufe geben kann ist gesellschaftlich noch nicht verankert*
- *es sucht noch keiner nach gewonnenen Zeit*
ABER
- *in der Praxis gibt es zunehmende Abweichung (laut empirischer Untersuchungen)*
- *Biografien individualisieren sich jenseits der Mann/Frau-Frage*
- *Individualisierung der Biografien für Männer und Frauen sind möglich*
- *Inzwischen gibt es viele Lebensverlaufspioniere (Abweichung vom Standard)*

Aufgabe der („Lebenslaufs"-) Politik
- → *Politische Vorleistungen um kulturelle Akzeptanz für neue Biografien zu schaffen*
- *Optionen für die Abweichungen von gleichförmigen Lebensmustern/Standard-
  biografien schaffen (keine Normallebensverläufe sondern Biographieoptionen)*
- *Kostenneutralität durch späteres Renteneintrittsalter*
Mittel: empirischen Untersuchungen + dekonstruktivistische Analyse
- *vorurteilsfreie „Sortierung" von Lebensläufen*
- *Bedingung: wahrnehmungsoffen bleiben*

Voraussetzungen für neue Lebensläufe
- *Verabschiedung von alten Vorstellungen (anderen/neue Denkmuster)*
- *Anerkennung vieler unterschiedlicher Lebensverlaufsmuster*
- *Abbau geschlechtsspezifischer Muster (Viertakter als Kann nicht als Muss)*
- *weniger Doppelbelastung (Möglichkeiten der Kinderbetreuung)*
- *Verschiebung/Eliminierung der Beweislast*

*Bsp.: in den USA gibt es zahlreiche Möglichkeiten des temporären Berufsaustiegs
(Sabbatical: Ruhephase/Arbeitsunterbrechung zwecks Weiterbildung/Erholung)
ohne Arbeitslosigkeit befürchten zu müssen*
> → *Annäherung an Flexibilisierung (nicht Standardviertakter)*
> → *wegen des Risikos der Arbeitslosigkeit unterbricht man in Deutschland erst
> gar nicht und bleibt beim Standard*

Gewonnene Optionen durch die neuen Lebensverläufe (work life ballance)
1. *gewonnene Lebensjahre*
   - *Anstieg der durchschnittlichen Lebenserwartung*
   - *weniger Säuglings und Kindersterblichkeit*
   - *die Altersmortilität ist gesunken*
2. *gestiegene Jahre möglicher Fertilität von Frauen (Geburtenkontrolle)*
   - *späteres Einsetzen der Menopause*
   - *früheres Eintreten der Menstruation/Geschlechtsreife*
   - *Fertilitätsspanne wird größer (man kann länger Kinder bekommen)*
   - *biologisch fruchtbare Jahre im Leben einer Frau sind mehr geworden*
   - → *ABER die Anzahl der genutzten fruchtbaren Jahre ist zurückgegangen*
   - *Phasenverschiebungen können Auswirkungen auf die Geburtenrate haben*
3. *gestiegene mögliche Anzahl von Lebensjahren in Erwerbsarbeit*
   - *durch die gestiegene Lebenserwartung*
   - *höheres Alter bei Berufs Eintritt (Bildungsexpansion)*
   Die wirkliche Dauer der Erwerbstätigkeit hat sich jedoch verkürzt
   - *Festhalten an niedrigen Renteneintrittsaltersgrenzen*
   - *Möglichkeit von Altersteilzeit*
   - *Frührente wegen Erwerbs- und Berufsunfähigkeit*
   - → *es klafft eine Lücke zwischen möglicher und wirklicher Erwerbstätigkeit*

Verknüpfungsmuster von Familie und Beruf bei Frauen
- *zeitliche Parallelität von Fertilität und Erwerbstätigkeit*
- *Familiengründung erfolgen somit meist parallel Aufbau einer beruflichen Karriere*
- *entspr. werden Programme zur Vereinbarkeit von Familie und Beruf geschnitten*

Finanzielle Nachteile für Frauen
- *eine niedrige Einkommensentwicklung (wg. Unterbrechungen/Teilzeitarbeit)*
- *Teilzeiterwerbstätigkeit mindert die Chancen auf Führungspositionen*
- *schlechte Möglichkeiten der eigenständige Sicherung*
- *schlechtere finanzielle Absicherung im Alter (und bei Scheidung)*
- *Kinderbetreuungszeiten bedeuten einem Verzicht auf Humankapital*
- *Ungleichheiten im Einkommen bei gleicher oder besserer Bildung/Ausbildung*
- → *Frauen müssen unter der Abfolge des männlichen Lebensverlaufes leiden*
- → *Differenzierung statt Chancengleichheit*
- → *Frauen stehen immer noch vor der entweder oder Entscheidung*
- → *das hat massive Auswirkungen auf die demographische Grundordnung*
  (1900 wurden 4,7 Kinder pro Frau geboren, heute sind es nur noch etwa 1,3)
- → *Deutschland ist heute das Land mit der weltweit höchsten Kinderlosigkeit trotz*
  hoher staatlicher Ausgaben für Familien

Zeitliche Verzerrung von Familiengründung + Karriere (biografische Optionen)
Mutterschaft vor einer intensiven Ausbildung/Karriere
- *wird bisher wegen fehlender Rahmenbedingungen wenig genutzt*
  (günstige Kinderbetreuungseinrichtungen fehlen)
- *Neue Möglichkeiten durch die Novellierung des Hochschulrahmengesetzes*
  Familiengründung zwischen Studiengängen Bachelor und Master
- *Qualifikation ist auf dem neuesten Stand und wird nicht durch Auszeiten entwertet*
  (Abschluss und Berufseinstieg gleich nach der Mutterschaft)
- *ABER das Eintrittsalter für den Arbeitsmarkt ist höher*

Mutterschaft nach einer intensiven beruflichen Karriere
- *wird überschattet von der Schreckensgrenze von 35 (Risikoschwangerschaften)*
- *Verzögerung der Familiengründung wird bewusst wahrgenommen*
- *empirische Befunde belegen, dass die Anzahl der späten Geburten steigt (bessere Medizinische Betreuung)*
- *es handelt sich überwiegend um hochqualifizierte Frauen in guten berufliche Positionen (wesentliche Grundlage für den Wiedereinstieg nach der Familienphase)*
- *späte Mutterschaften sind mit hohem Erfahrungsreichtum im Beruf verbunden*
- *bessere Möglichkeiten der individuellen/organisatorischen Steuerung von Unterbrechungen*

Bilanz der gewonnenen Zeit und der gewonnenen Freiräume
- *Frauen sind heute ein kontinuierlicher und länger erwerbstätig*
- *Aufbau einer beruflichen Karriere durch breitere Nutzung gewonnener Jahre*
- *Frauen und Männern können so Kinder und Beruf vereinen*
- *UND nur so lässt sich kulturell eine größere Akzeptanz erreichen*
- *dafür sind politische Vorleistungen notwendig*
- *solange Veränderungen mit Unkosten verbunden und negativ besetzt sind wird der Blick nicht frei für die vielen Möglichkeiten die das Leben bietet*
- *der Bildung/Weiterbildung muss einen hohen Stellenwert bekommen*
- *Ältere Person auszugliedern hat Folgen (Sicherungssysteme + Erfahrungsverlust)*
- → ***Die Frage „Kinder oder Beruf" würde sich nicht stellen, wenn alle Gelegenheiten voll ausgeschöpft würden!***